Ich konnte weiterleben

Anita Spohn

ICH KONNTE WEITERLEBEN
und ließ den Krebs hinter mir

VIER-TÜRME-VERLAG, MÜNSTERSCHWARZACH

2. Auflage 1994
Gesamtherstellung: Vier-Türme-Verlag, D-97359 Münsterschwarzach Abtei
© by Vier-Türme-Verlag, Münsterschwarzach Abtei
ISBN 3-87868-457-6

Inhalt

Vorwort von Prof. Dr. P. Norbert Baumert 7

Vorwort des Arztes 9

Einführung 10

Die Zeit vorher 11

Vertrauen 13

Helfender Zuspruch 15
Ein Buch mit wegweisenden Worten 17
Stille der Erkenntnisse 18
Vergebung – Voraussetzung für Heilung 19
Selbsterkenntnis 22
Ich lernte das „Loslassen" 24
Er gibt mir neue Kraft 25
Friede dir 25
Das hilfreiche Vertrauensvorbild des alten Mütterleins 28
Wo und wie finde ich Gott 31
Die geplante Behandlung 32
Gott ist die Wirklichkeit 33
Glaube oder Therapie 34
Wieder zu Hause 36
Bitte und empfange 38
Erneuerung des Taufgelöbnisses 39
Die graue Stadt 42
Maria – ein Weg zu Jesus 47
Die Zeit der Therapie 49
Heilung, Glaubensprüfung oder Anfechtung? 51
Gott führt weiter 53
Auch Glaube unterliegt dem Wachstum 56
Das eigene Begrenzen 57
Das Knäckebrotbewußtsein 58
Warum ausgerechnet ich? 59

Steine auf dem Lebensweg zur Begegnung
mit IHM nutzen! 60
Die Frucht des Gebetes 61
Blockaden 63
Der Weg der Vergebung 64
Klima für Heilung 66

Vorwort

Das Besondere dieses Buches: Während viele Abhandlungen über Heilung – von theologischen „Profis" geschrieben – objektiv Wege aufzeigen, die man gehen soll, wird auf den kommenden Seiten ein persönlicher Weg beschrieben, der auf seine Weise zum Mitgehen einlädt. Die Verfasserin wagt es, von dem heilenden Wirken Gottes in ihrem Leben zu berichten und auch auf die Schwierigkeiten einzugehen, mit denen sie zu kämpfen hatte. Es ist ein Buch des Glaubens, von „Laien" für Laien. Hier kann keiner sagen: „Das ist mir zu hoch" – und doch wird die Höhe des Anspruches des Evangeliums selten so klar auf den Punkt gebracht. Auch werden viele wichtige Fragen aufgegriffen und durch Beispiele beantwortet. Darum haben wir dieses Lebenszeugnis gern in unsere Reihe „Aufbruch des Geistes" aufgenommen.

Was mir beim Lesen besonders auffiel, war die Einheit von göttlichem und menschlichem Wirken, das Ineinander von Gottesbeziehung und menschlichen Beziehungen, von medizinischen Maßnahmen und gläubigem Gottvertrauen. Man kann es Schritt für Schritt sehen, wie letzteres die Mitte aller Handlungen wird und wie alles andere von da her seinen Platz bekommt. Dadurch wird die medizinisch unerklärbare Heilung deutlich zum *Zeichen* für etwas Größeres. Auch wird dem Mißverständnis vorgebeugt, als könnten wir auf diesem Wege alle unsere Beschwerden aus dem Wege räumen. Vielmehr liegt das eigentliche Glück in der völligen Abhängigkeit von Gott. Aus biblischer Sicht habe ich diese Gedanken weiter ausgeführt in meinem Beitrag „Jesus heile mich", in: Dem Geist Jesu folgen – Anruf und Unterscheidung, Münsterschwarzach 1988, ebenfalls in dieser Reihe. Aber hier liegt uns in einem Beispiel vor, was dort mehr theologisch dargelegt wird.

Ein sehr persönliches Buch. Eigentlich kein Buch, sondern ein Gespräch, ein Glaubenszeugnis, ein Glaubensgespräch. Da wagt jemand, seinen Weg mit Gott offenzulegen und mit-zu-teilen. Die Verfasserin hat dies zunächst in ihrem Bekanntenkreis getan, wenn sich eine Tür auftat. Wir sind Anita Spohn dankbar, daß sie dem inneren Anruf gefolgt ist und nun auch in der Öffentlichkeit der Kirche „berichtet, was der Herr für sie getan und wie er Erbarmen mit ihr und ihrer Familie gehabt hat" (vgl. Mk 5,19).

Norbert Baumert SJ

Vorwort des Arztes

Im Januar 1981 lernte ich Frau Anita Spohn kennen. Wegen unklarer Unterleibsschmerzen war bereits eine Operation durchgeführt worden, die ein Tumorleiden ergeben hatte. Ich nahm einen weiteren operativen Eingriff vor.
Bei entsprechender Therapie bedeutete dies Anfang der 80er Jahre bei Art und Stadium der Erkrankung eine 5-Jahres-Überlebenschance von unter 10 %.
Ich erlebte, daß postoperativer Verlauf, Begleitumstände der Therapie und Genesung außerhalb meiner sonstigen Erfahrungswerte lagen.
Auch heute, zehn Jahre nach Diagnosestellung und Behandlung, kann ich bestätigen, daß Frau Spohn geheilt ist. Ich habe sie seitdem regelmäßig untersucht. Ein Verdacht auf die Bildung von Tochtergeschwülsten besteht nicht. Sie befindet sich in gutem Allgmeinzustand und geht - wie vor dem Zeitpunkt der Erkrankung ihrer Tätigkeit als Geschäftsfrau in vollem Umfang nach.

Der behandelnde Arzt
Prof. Dr. med.
F. Paullussen

Einführung

Diese Erfahrungen während meiner Krebserkrankung, habe ich zusammengefaßt und aufgeschrieben, damit Menschen in ähnlichen Situationen Mut fassen können und Gottes Wirken für möglich halten. Möge die eine oder andere Erkenntnis dazu beitragen, daß Herzen geöffnet, Versöhnung gefeiert werden und Heilung erfolgen kann.

Wenn ich manchmal auch in kleinen Dingen ins Detail gegangen bin, so darum, weil sie oft, wie kleine Mosaiksteine, wichtig waren, um das ganze Bild zu erkennen.

Anita Spohn

Die Zeit „vorher"

„Es tut mir sehr leid, aber der pathologische Befund ist positiv." Der Arzt stand vor meinem Bett.
Meine Gedanken kreisten. Positiv, hieß das Krebs? Hatte er wirklich mich gemeint?
Es war einige Tage her. Dieses Mal war es an einem Morgen, als ich spürte, daß die Schmerzen wieder zunahmen. Ich rief meinen Vater an und bat ihn, mich zum Arzt zu fahren. Dieser hatte mich vor einigen Wochen angerufen und gesagt: „Ich habe mir noch einmal Ihre Befunde und Berichte angesehen und kann mir überhaupt keinen Reim darauf machen. Ich bitte Sie aber sehr, mich in einem akuten Stadium, gleich wann, aufzusuchen." Jetzt war es soweit.

Seit einem halben Jahr litt ich unter periodisch wiederkehrenden Schmerzen, die sich entsetzlich zuspitzten und dann allmählich vergingen. Das erste Mal im Urlaub, oft an den Wochenenden oder in der Nacht. Es war immer so, daß die verschiedensten Ärzte hinzukamen, wenn, wie ich dann später erfuhr, die Zyste in meinem Körper geplatzt und so nicht mehr faß- oder wahrnehmbar war. Das wiederholte sich sechsmal.

Jedes Mal hatte ich das Gefühl, sterben zu müssen. Am nächsten Tag ging es mir schon etwas besser und nach vier Tagen stand ich meistens wieder im Geschäft. Ich fühlte mich wie ein „Stehaufmännchen".

Meine Eltern hatten ein Modegeschäft, in dem Damen-Oberbekleidung geführt wurde. Beide waren sie noch sehr aktiv. Jedoch leitete ich das Geschäft schon seit einigen Jahren.

So konnte ich mich über mangelnde Arbeit nicht beklagen, denn ich hatte auch zu einem großen Teil meinen Haushalt zu versorgen. Zeit für unsere Tochter zu haben, auch mit ihr immer wieder im Gespräch zu sein, war für mich ein

Schwerpunkt meiner Tageseinteilung. Mein Mann, der auch in die dritte Generation eines kaufmännischen Betriebes hineingeboren worden war, und so auch zehn bis vierzehn Stunden täglich beschäftigt war, besprach abends gerne mit mir den Alltag. So kam mir mein Tag oft vor wie ein Kuchen, den ich in viele Stücke schneiden mußte. Außerdem war ich über das Heranwachsen unserer Tochter in den Elternrat des Kindergartens und so in die kirchliche Arbeit der Pfarrei gelangt. Danach arbeitete ich im Pfarrgemeinderat mit. Die Aufgabe der Kommunionkatechese übernahm ich gerne, als unsere Tochter zur ersten heiligen Kommunion ging. Und da ich auch für das Organisieren im allgemeinen zuständig schien, galt es zwischendurch noch eine Werbegemeinschaft für den ortsansässigen Einzelhandel zu gründen und darin mitzuarbeiten. Ich versuchte, allem, was auf mich zukam, gerecht zu werden. Diesen Zeitabschnitt meines Lebens könnte man mit der Überschrift „Hans Dampf in allen Gassen" betiteln.

Natürlich gab es auch damals schon Schwerpunkte in meinem Leben, aber da vieles in einer großen Geschäftigkeit stattfand, und die Zeit zum Innehalten fehlte, „fraß" mich die Arbeit oft auf. Aus dem falschen Denken heraus: „ICH muß das machen", war dieser Lebensabschnitt von einem starken Aktivismus geprägt.

Nun, als ich mit meinem Vater auf dem Weg zum Arzt war und die Zyste in meinem Leib sich anschickte, zum sechsten Mal zu platzen, war diese Diagnose noch keinem klar. Als wir bei dem Arzt ankamen, überschlug sich alles ein wenig. Nach der Diagnose – er vermutete einen mechanischen Darmverschluß – fragte er mich nur, ob ich mit dem betreffenden Krankenhaus einverstanden sei. Ich war es, und so fand ich mich wenige Minuten später im Krankenwagen wieder. Es hatte sich in den letzten beiden Jahren schon so vieles ereignet, daß ich auf dem Weg ins Krankenhaus in der

Lage war zu beten: „Jesus, wenn du mitfährst, muß es gut werden."

Vertrauen

Wenn ich mich heute frage, wann mein Vertrauen zu Gott begann, so glaube ich, daß ich da eine ganz konkrete „Geburtsstunde" benennen kann. Sicher hatte ich das Glück, ein christliches Elternhaus zu haben, eine Großmutter, die mich beten lehrte, einen Vater, der sechs Jahre Krieg und fünf Jahre russische Gefangenschaft überlebte und uns später oft von unmöglichen Situationen erzählte, aus denen er errettet worden war. Auch in allem, was mein Leben oder später auch das meines Mannes und das unseres Kindes betraf, erlebten wir viele Situationen, in denen ich von „Glück" und „Zufall" redete.

Aber all das hatte noch nichts zu tun mit dem uneingeschränkten Vertrauen, das Gott von uns erwartet und fordert, um zu handeln und das er uns schenkt, wenn wir offen sind. Heute weiß ich, daß Gott Krankheit und Leid zuläßt, als Anlaß für die Begegnung mit ihm. Als wir vor kurzem in einem Seminar waren, fand ich neben unserer Zimmertüre ein Poster mit der Aufschrift: „Ich glaube, daß die Krankheiten Schlüssel sind, die uns gewisse Türen öffnen können." Rückblickend kann ich dies nur bestätigen. Die erste Erfahrung durfte ich vor Jahren machen, als meine Mutter mit einem totalen Nierenversagen im Krankenhaus lag. Ich kannte sie eigentlich nur als eine äußerst vitale, einsatzbereite Geschäftsfrau. Nun lag sie im Krankenhaus ohne Nierenfunktion, nicht in der Lage, mich oder meinen Vater, der mich mittags am Krankenbett ablöste, zu erkennen. Sein Anruf am Abend: „Wenn du Mama noch einmal sehen willst, mußt du ganz schnell kommen," traf mich mitten ins Herz. In diesem Augenblick erinnerte ich mich an eine Situation, die ich ca. 20 Jahre vorher erlebt hatte. Damals war ich in einem Gottesdienst anwesend, in dem für den sterbenden Pfarrer gebetet wurde. Monate später nahm ich wieder teil an einem Dankgottesdienst eben dieses Priesters, der in der Stunde, als die Gemeinde für ihn betete, Heilung erfuhr, die dann in den Wochen darauf fortschritt. Sein Zeugnis war der Samen in meinem Herzen, der nach etwa 20 Jahren (!) Frucht und einen Glauben hervorbrachte, der mich aus einem Impuls heraus etwas für mich damals Untypisches tun ließ. Ich kniete mich mitten in meine Küche und betete: „Herr, so wie der Hauptmann dir seinen kranken Knecht empfohlen hat, (vgl. Mt 8,5 - 13) so bringe ich dir heute meine Mutter, in dem Wissen, daß, wenn kein Arzt ihr zu helfen vermag, du sie heil machen kannst." Dieses Gebet kam nicht nur von den Lippen, sondern aus meinem tiefsten Herzen. Der Impuls hierzu stammt aus der Bibelstelle , Mt 8, 5-13, „Der Hauptmann von Kafarnaum":

> „Als er nach Kafarnaum kam, trat ein Hauptmann an ihn heran und bat ihn: "Herr, mein Diener liegt gelähmt zu Hause und hat große Schmerzen." Jesus sagte zu ihm: „Ich will kommen und ihn gesund machen." Da antwortete der Hauptmann: "Herr, ich bin es nicht wert, daß du mein Haus betrittst; sprich nur ein Wort, dann wird mein Diener gesund. Auch ich muß Befehlen gehorchen, und ich habe selber Soldaten unter mir; sage ich nun zu einem: „Geh!, So geht er, und zu einem anderen: "Komm!", so kommt er, und zu meinem Diener: "Tu das!", so tut er es. Jesus war erstaunt, als er das hörte, und sagte denen, die ihm nachfolgten: "Amen, das sage ich euch: Einen solchen Glauben habe ich in Israel noch bei niemand gefunden. Ich sage euch: Viele werden von Osten und Westen kommen und mit Abraham, Isaak und Jakob im Himmelreich zu Tisch sitzen; die aber, für die das Reich

bestimmt war werden hinaus geworfen in die äußerste Finsternis; dort werden sie heulen und mit den Zähnen knirschen." Und zum Hauptmann sagte Jesus: "Geh! Es soll geschehen, wie du geglaubt hast." Und in der selben Stunde wurde der Diener gesund.

„Es vergingen noch einige Tage des Bangens auf der Intensivstation und noch einige Wochen Krankenhausaufenthalt. Zwischendurch gab es ein Gespräch mit dem Chefarzt des Krankenhauses, das für mein Leben dann noch unendlich wichtig werden sollte. Er sagte mir wörtlich: „Ich möchte ihnen gerne etwas mit auf den Weg geben, dafür, daß die Nieren ihrer Mutter plötzlich wieder arbeiteten, haben wir medizinisch keine Erklärung. Sie nahmen plötzlich ganz einfach wieder ihre Funktion auf. Je nach ihrer Auffassung können sie es entweder bei den Zufällen oder bei den Wundern einordnen."
Obwohl Gott in unserem Leben vorher schon unendlich oft gewirkt hatte, tat ich es dieses Mal nicht mit der Bemerkung von Glück oder Zufall ab, sondern erlebte zum ersten Mal BEWUSST die Verheißung Jesu: Alles, worum ihr betet und bittet – glaubt nur, daß ihr es schon erhalten habt, dann wird es euch zuteil (Mk.11,24). Es gibt wirklich so viele Zufälle, die einem von Gott „zu-fallen", daß man nur staunen kann.

Helfender Zuspruch

In dieser Hoffnung und dem Wissen, daß ich nicht alleine war, ging ich in die erste Operation, bei der der Arzt dann andere Dinge fand, als erwartet. Als ich wieder aufnahmefähig war, fand ich einen lieben Brief eines mir bekannten Priesters vor. Neben aufmunternden Worten und der Zusicherung, beim Messopfer für mich zu beten, fand ich zwei Dinge, die mir zum Wegweiser wurden. Erstens: Eine

Keramikplakette mit einem Psalmwort: ER GIBT MIR NEUE KRAFT , und zweitens einen Spruch von Martin Buber, den ich von Stund an begann zu praktizieren:

Wer das helfende Wort in sich aufruft,
erfährt das Wort.
Wer Halt gewährt, verstärkt in sich den Halt.
Wer Trost spendet, vertieft in sich den Trost.
Wer Heil wirkt, dem offenbart sich das Heil.

Heute darf ich sagen, daß die Worte für mich ein klarer Wegweiser und das Praktizieren die ersten Schritte auf einem Weg waren, der mir konkret geführt scheint.
Meine Möglichkeiten damals im Krankenzimmer waren nicht groß und erschöpften sich in einem dankbaren Wort an die Schwestern, einem aufmunternden an die Bettnachbarin, einem freundlichen an die Frauen, die sauber machten und einem verständnisvollen und dankbaren Wort an die Ärzte, deren Tag oft lang und mühevoll war.

So kam der Tag, an dem der pathologische Befund ergab, daß es sich um Krebs handelte. Als der Arzt es mir sagte, konnte ich nicht weinen und wurde ganz still. In mir war es, als liefe ein Film ab. Es waren hintereinander Szenen, an deren Ende ein Fragezeichen stand. War es ein Todesurteil? Was geschieht mit unserer Tochter, wer wird für sie dasein, wenn sie jemand braucht? Sie war erst zehn Jahre alt. Mein Mann, der sich in den letzten Tagen tapfer erkundigt hatte, wie man Hemden und Socken wäscht, was wurde aus dem, wie würde er es auffassen? Würde er daran zerbrechen? Wir hatten uns immer ausgesprochen gut verstanden. Ich sah meine Eltern vor mir. Sehr früh war ich in die Verantwortung genommen worden. Das hatte mich geprägt. Ich war das einzige Kind. Was war mit dem Geschäft?
Sollte ich einen Räumungsverkauf machen, solange ich noch in der Lage dazu war? Dann habe ich diese Frage dem

Arzt gestellt. Er riet mir, zunächst abzuwarten.
Ich erklärte ihm, daß ich keinem etwas davon sagen wollte, ich müßte alleine damit fertig werden. Er sagte mir, daß ich es wenigstens meinem Mann sagen müßte, weil ich alleine daran „ersticken" würde.

Durch den Befund ergab sich die Notwendigkeit einer weiteren Operation, die schnellstens durchgeführt werden mußte. Wie sollte ich sie meinen Eltern erklären? Der Arzt half mir, medizinisch eine plausible Erklärung zu geben. So wollte ich ihnen vorläufig nichts sagen. Dann rief ich den Priester an, der mir bereits so aufmunternde Worte und wegweisende Dinge geschickt hatte und bat ihn erneut um intensive Gebetshilfe, das Feiern des Meßopfers für mich und um Stillschweigen. Meinen Mann rief ich dann doch an und sagte ihm den Befund. Er kam umgehend und versicherte mir in liebevoller und äußerlich ruhigen Art, daß wir mit der Hilfe Gottes gemeinsam damit fertig würden.

Ein Buch mit wegweisenden Worten

Ich erinnerte mich plötzlich an ein Buch, das mir einmal in die Hand gekommen war, in dem ein Kapitel die Überschrift trug: DURCH VERSÖHNUNG MIT DER SCHWIEGERMUTTER VON KREBS GEHEILT. Diese Behauptung schien mir so ausgefallen, daß sie in mein Unterbewußtsein eingemeißelt schien. Ich schrieb mir damals den Titel des Buches auf und versprach mir selbst es zu lesen, wenn ich „Zeit" hätte. Aber scheinbar hatte ich keine Zeit. Nun aber bat ich meinen Mann, in meiner Brieftasche nachzuschauen. Ich hatte sie im Laufe der Zeit sicher zehnmal von unnötigen Zetteln befreit. Aber siehe da, ein Stück Papier mit dem Titel war noch vorhanden, und mein Mann bestellte mir das Buch.

Dann verabschiedete er sich für vier Tage, er mußte geschäftlich zur Messe nach Nürnberg. Ich wußte, daß es eine Notwendigkeit war, und er versprach sich täglich zu melden. Der erste Abend verging, und ich hatte nichts von ihm gehört. Mein Verstand sagte mir, daß ein Telefonat sich nicht ergeben hatte, aber irgend etwas in meinem Inneren hatte Gefallen daran, mir immer wieder zu sagen: „Wenn es umgekehrt wäre, du würdest zehn Kilometer laufen, um eine Telefonzelle zu finden," und mein Verstand sagte mir, daß mein Mann zwanzig Kilometer laufen würde. Meine Psyche aber wollte das nicht verstehen.

So weinte ich in dieser Nacht ohne aufhören zu können und spürte eine Verlassenheit und Einsamkeit, die ich nie kennengelernt hatte, und die ja eigentlich auch nicht zutraf. Ich glaube, daß ich diese Nacht erleben mußte, um viele kranke und depressive Menschen verstehen zu können, die später zu mir kamen und sich unendlich verlassen fühlten. Mein Mann rief am nächsten Tag an. Als er zurück war, erzählte ich ihm von dieser Nacht. Er schaute mich an und sagte: „Weißt du, mir ging es schon tagsüber genauso. Ich mußte ins Hotel gehen und konnte mich nicht mehr zusammennehmen. In diesem Zustand war es mir unmöglich, mit dir zu telefonieren." Er hatte nicht unrecht, denn unbewußt lauerte ich auf jede Regung und Bemerkung auch der Ärzte und Schwestern. Es hatte sicher nichts mit Mißtrauen zu tun, wenn ich doppelt hinhorchte, ob da nichts gesagt würde, was man mir verschwieg.

Stille für Erkenntnisse

In diesen Tagen erhielt ich das Buch, welches mein Mann mir bestellt hatte. Es führte mich zu unwahrscheinlich tiefen Erkenntnissen. Bis zu diesem Zeitpunkt war Beten für mich ein Monolog gewesen. Ich sprach zu Gott, und hoffte, daß er es verstanden hatte. Unbewußt hatte mein Mann, der bereits nach der ersten Operation jeden Besuch und alle Telefonate abgeblockt hatte, mir eine Insel der Ruhe geschaffen. Das Wort Gottes auf meinem Lesezeichen „WERDET STILLE UND WISSET DASS ICH GOTT BIN" (Ps. 46,11), wurde mir klar. Nur in der Stille konnte ich IHN finden. In diesem Buch kam es nun zu einem Dialog mit IHM. Auf Fragen, die mir kamen, erhielt ich in diesem Buch eine Antwort. Diese Erfahrung und auch das Hören auf die Stille und die Gedanken die sich ergaben, erfüllten mich statt mit Depression wegen der Krankheit, mit unendlicher Freude. Der eine oder andere, der dies liest, wird das für übertrieben halten. Vielleicht muß man es auch selbst erlebt haben, um es zu glauben. Jede neue Erkenntnis, die mir kam, besprach ich abends mit meinem Mann. Das Gebet des uns begleitenden Priesters und das Feiern des Meßopfers für mich, die Spendung der Krankensalbung im Krankenhaus und dort auch das Mitfeiern und Empfangen der Eucharistie trugen mich in unerklärlicher Weise. Ich lernte, mich bei den Meßfeiern auf jedes Wort zu konzentrieren, weil es mir durch die Schwäche sonst sofort schlecht wurde. Dadurch wurde mir ganz neu bewußt, wie aufbauend das war, was dort am Altar geschah und gesagt wurde. Es war mir vorher schon fast zur Routine geworden. Die Predigt unseres Pfarrers von den Spuren im Sand kam mir in den Sinn:

> Es ging ein Mann mit Gott am Meeresstrand entlang. Er schaute sich um und sagte: „Herr, schau dort ist mein ganzes Leben zu sehen, überall zwei Fußspuren. Immer bist du mit mir gegangen. Nur dort hinten, da ist nur eine Spur zu sehen. Das war, als ich krank war, da hast du mich alleine gelassen".
> Gott schaute ihn an und sagte: „Du irrst mein Freund, während dieser Zeit habe ich dich getragen.

Vergebung – Voraussetzung für Heilung

Die größte Einsicht war die Erkenntnis der Ursache meiner Krankheit. Wie ein Spiegel, in den ich hineinschaute, erschienen mir die Beispiele, die der Verfasser des Buches anführte. Es war hier von Zerwürfnissen, Anklagen, vom Herumtragen von Dingen die zur Krankheit führten, die Rede. Er sagte ganz klar: „Immer müßt ihr zuvor anderen ihre Irrtümer und Mängel vergeben und euch mit ihnen versöhnen, bevor eure eigenen Unzulänglichkeiten und Leiden von Gott aufgehoben werden. Ganz klar wurden mir auf einmal die Worte des „Vater unser", die ich sicher schon tausende Male, ohne Einsicht, in meinem Leben gebetet hatte: VERGIB UNS UNSERE SCHULD, WIE AUCH WIR VERGEBEN UNSEREN SCHULDIGERN. Jesus wußte, warum er es uns lehrte. Im Matthäus Evangelium Kapitel 6, Verse 12,14,15 heißt es sogar:
... wie wir sie unseren Schuldnern erlassen HABEN. Denn wenn ihr den Menschen ihre Verfehlungen vergebt, DANN wird euer himmlischer Vater auch euch vergeben. Wenn ihr aber den Menschen nicht vergebt, dann wird euch euer Vater eure Verfehlungen auch nicht vergeben.

Bei Markus 11,25 heißt es:
Und wenn ihr beten wollt und habt einem anderen etwas vorzuwerfen, dann vergebt ihm, damit auch euer Vater euch eure Verfehlungen vergibt.

Bei Jesus Sirach 28,1-5 heißt es:
Wer sich rächt, an dem rächt sich der Herr, dessen Sünden behält er im Gedächtnis. Vergib deinem Nächsten das Unrecht, dann wird dir, wenn du betest, auch deine Schuld vergeben. Der Mensch verharrt im Zorn gegen den andern. Vom Herrn ersucht er HEILUNG zu erlangen? Mit seinesgleichen hat er kein Erbarmen, aber wegen seiner eigenen Sünden bittet er um Gnade? Ob-

wohl er nur ein Wesen aus Fleisch ist, verharrt er im Groll, wer wird da seine Sünden vergeben?

Bei Matthäus 5,7 spricht Jesus bei den Seligpreisungen:
Selig sind die Barmherzigen, DENN SIE WERDEN ERBARMEN FINDEN.

Paulus schreibt an die Kolosser 3,13:
Ertraget euch gegenseitig und vergebt einander, wenn einer dem andern etwas vorzuwerfen hat. Wie der Herr euch vergeben hat, so vergebt auch ihr!

Im Jakobusbrief 2,13 heißt es:
Denn das Gericht ist erbarmungslos gegen den, der kein Erbarmen gezeigt hat. Barmherzigkeit aber triumphiert über das Gericht.

Noch viele Bibelstellen könnte ich anführen, in denen wir aufgefordert werden zu verzeihen. Aber ein Gleichnis möchte ich noch ganz besonders hervorheben.

Das Gleichnis vom unbarmherzigen Schuldner (Matth. 18). Mit dem Himmelreich ist es deshalb wie mit einem König, der beschloß, von seinen Dienern Rechenschaft zu verlangen. Als er nun mit der Abrechnung begann, brachte man einen zu ihm, der ihm zehntausend Talente schuldig war. Weil er aber das Geld nicht zurückzahlen konnte, beschloß der Herr, ihn mit Frau und Kindern und mit allem, was er besaß, zu verkaufen und so die Schuld zu begleichen. Da fiel der Diener vor ihm auf die Knie und bat: „ Hab Geduld mit mir. Ich werde dir alles zurückzahlen. Der Herr hatte Mitleid mit dem Diener, und schenkte ihm die Schuld. Als nun der Diener hinausging, traf er einen anderen Diener seines Herrn, der ihm hundert Denare schuldig war. Er packte ihn, würgte ihn, und rief: Bezahl, was du mir schuldig bist. Da fiel der andere vor ihm auf die Knie und flehte: Hab Geduld mit mir! Ich werde es dir zurückzahlen. Er aber wollte nicht, sondern ging weg und ließ ihn ins Gefängnis werfen, bis er die Schuld bezahlt habe. Als die übrigen Diener das sahen, waren sie sehr betrübt; sie gingen zu ihrem Herrn und berichteten ihm alles, was geschehen war. Da ließ ihn sein Herr rufen und sagte zu ihm: Du elender Diener! Deine ganze Schuld habe ich dir erlassen, weil du mich so angefleht hast. Hättest nicht auch du mit jenem, der gemeinsam mit dir in meinem Dienst steht, Erbarmen haben müssen, so wie ich mit dir Erbarmen hatte? Und in seinem Zorn übergab ihn der Herr den Folterknechten, bis er die ganze Schuld bezahlt habe. Ebenso wird mein himmlischer Vater jeden von Euch behandeln, der seinem Bruder nicht von ganzem Herzen vergibt.

Jesus erzählte dieses Gleichnis auf die Frage des Petrus hin: Herr, wie oft muß ich meinem Bruder vergeben, wenn er sich gegen mich versündigt? Siebenmal? Jesus sagte zu ihm: Nicht siebenmal, sondern siebenundsiebzigmal. Das heißt, immer wieder neu. Auch die Schuldsumme des Schuldners in Höhe von zehntausend Talenten (das sind hundertmillionen Denare) ist unrealistisch hoch. Jesus will uns damit nur sagen, wie oft und wieviel Gott uns immer wieder vergeben muß, weil wir schuldig werden. Und wie schwer tun wir uns, wenn wir unseren Mitmenschen oft wirklich nur kleine Dinge verzeihen sollen. Wie oft tragen wir sie nach, manchmal bewußt, aber auch vielfach tief in unserem Unterbewußtsein verschlossen.

Selbsterkenntnis

Eine Neurologin, die ich Jahre zuvor wegen häufiger Kopfschmerzen konsultierte, hatte mich gefragt, ob in meiner

Familie alles in Ordnung und harmonisch wäre. Schimpfend erzählte ich damals meinem Mann davon, daß diese „Seelenärzte" doch immer nur Hader witterten. Aber doch nicht bei uns!! Beim Lesen des für mich wegweisenden Buches, das mein Mann mir besorgt hatte, zerriß dann urplötzlich der Vorhang der Selbsttäuschung, und laute Szenen kamen mir vor Augen.

Da ich mit meinem Vater das Büro teilte, war es dort zu Gesprächen, Auseinandersetzungen und immer öfter zu Konfrontationen, fast ausschließlich aus geschäftlichen Gründen, gekommen. Diese waren zwar am nächsten Tage vergessen, aber manche Anschuldigung „türmte" sich in meinem Unterbewußtsein auf, daß es mich manchmal zu erdrücken schien. Und dort saß dann auch meine Anklage. Tat ich doch von morgens bis abends, was ich nur konnte und oft war es immer noch nicht gut. Es wurde mir schlagartig klar, daß ICH da ein falsches Denken hatte, daß ICH auftürmte und nachtrug, statt zu verzeihen, daß jedes laute oder böse Wort – auch meines – verletzte und von Gott trennte.

Nun wußte ich eines, ich hatte diese Sache mit meinem Vater auszuräumen. Aber dann konnte ich meinen Eltern auch meinen Gesundheitszustand nicht länger verheimlichen. Ich lernte gerade mit Gott zu reden. Es war Mittwoch, der Tag, an dem meine Eltern und meine Tochter mich normalerweise besuchten. Ich wußte, daß ich vor dem Kind nicht reden konnte. So bat ich Gott um ein klares Zeichen: Würde sie mitkommen, würde ich zunächst schweigen, kam sie nicht mit, konnte ich mit meinem Vater reden. Es dauerte etwa eine halbe Stunde, da klingelte das Telefon. Mein Vater fragte an, ob es schlimm wäre, wenn die Kleine heute nicht mitkäme. Eine Freundin hätte sie eingeladen und sie ginge so gerne dort spielen. Ich sagte leise: "Danke, lieber Gott," und wußte, was ich zu tun hatte.

So kam es zum Gespräch mit meinen Eltern. Meine Mutter war äußerst verzweifelt und fand ihre Vermutung und Ängste bestätigt. Meinem Vater erklärte ich meine Erkenntnisse und bat ihn unter Tränen, die ich nicht zurückhalten konnte, um Verzeihung. Er brauchte bis zum nächsten Tag, um dann wiederzukommen und mit mir zu reden. Es kam wieder zu einem von Liebe getragenen Verhältnis. Ich durfte überhaupt feststellen, daß rund um mich herum ein breiter Ring von Liebe und Harmonie war, der sich zunehmend verdichtete und auch später anhielt. GENAU DIESES „KLIMA" IST, SO WIE ICH MEINE, DIE GRUNDLAGE DES HEILWERDENS.

Ich verpflichtete auch meine Eltern zum Stillschweigen, wenn sie mir helfen wollten. Damit hatten mein Mann und ich, wohl zunächst unbewußt, von Anfang an das Richtige getan. Ich wollte mir zu Hause das Spießrutenlaufen ersparen. Es kannten mich viele Leute und ich konnte mir das Ausweichen, die Hilflosigkeit und auch bei den meisten die leeren Worte vorstellen. Genau diese Kriterien hatte ich ein halbes Jahr zuvor an mir selbst beobachtet, als ich eine Bekannte im letzten Krebsstadium besuchte. Ich war nicht in der Lage, ihr etwas zu sagen, was sie aufgebaut oder ihr ein wenig Trost gegeben hätte. Meine Worte schienen mir wie Phrasen und ich spürte die Peinlichkeit. So wie es mir damals ging, geht es, ohne bösen Willen, wohl den meisten Menschen. Außerdem haben negative Reden und negatives Denken eine ungeheure Kraft.

Ich lernte das „Loslassen"

Immer wieder gab es auch Momente der Zweifel, der Angst und der ungelösten Fragen, die sich wiederholten: Was wird aus meinem Kind, was machen mein Mann und meine Eltern ohne mich, wie wird es im Geschäft weitergehen?

Aber ich gestattete diesen Gedanken nicht, sich in mir festzusetzen. Ich lernte auch, mich nicht so wichtig zu nehmen und wußte, daß Gott sorgen würde. Die Angst vor dem Tode verlor ich, weil die Vorstellung in mir war, daß der Geist, der mich belebte, weiterleben würde und nur der materielle Körper sterben konnte. Der Tod schien mir so wie der Umzug in ein schöneres Haus.
SO KONNTE ICH MEIN LEBEN LOSLASSEN UND ANNEHMEN WAS DA KOMMEN WÜRDE. Damals, wohl unbewußt, war ich in der Lage, nach dem Wort Jesu zu handeln, das bei Johannes 12,25 steht:
Wer an seinem Leben hängt, wird es verlieren, wer aber sein Leben in dieser Welt gering achtet, wird es bewahren bis ins ewige Leben.

Er gibt mir neue Kraft

Inzwischen erholte ich mich von der zweiten Operation, nahm dankbar die Hilfe und Liebe der Schwestern an und freute mich, wenn ich in „meinem" Buch lesen konnte, manchmal nur eine halbe Seite, manchmal auch viel mehr. Ich hatte nun ein Einzelzimmer, sehr viel Ruhe, fast keinen Besuch, fast keine Telefonate und sehr viel Zeit nachzudenken und in mich hineinzuhorchen. Rückwirkend möchte ich sagen, daß es mit die wichtigsten Kriterien meines Heilwerdens waren, denn die lagen für mich nicht in der Ablenkung, sondern in der Konfrontation. Ich meine hier keineswegs dieses fixiert sein auf die Krankheit, aus dem nur Selbstmitleid entsteht, das sehr gefährlich ist, sondern ein Auseinandersetzen.
Zehn- bis zwanzigmal am Tage nahm ich oft die mir geschenkte Plakette mit dem Psalmwort aus meiner Nachttischschublade, und es wurde mir zum Versprechen:
ER GIBT MIR NEUE KRAFT!

Die Gespräche mit meinem Mann halfen uns beiden oft, Klarheit zu bekommen. Unser Kind tat in der Schule alles, um mir Freude zu machen. Meine Eltern übernahmen zu einem großen Teil meine Arbeit mit.

Friede dir

Auf der Station gab es eine junge Krankenschwester, die so viel Güte und Freundlichkeit ausstrahlte, daß ich mich von Anfang an sehr zu ihr hingezogen fühlte. Eines Tages konnte ich, immer im Bemühen, den vorne angeführten Rat Martin Bubers zu erfüllen, ihr Hilfe sein. Daraus entwickelte sich eine Korrespondenz die sie mir abends gab, wenn sie Feierabend hatte. Karten, die mir Hoffnung machten und mich zum Gespräch mit ihr anregten. Ich fragte sie nach ihrem Glauben und erzählte ihr von meinen Erfahrungen mit Gott während meiner Krankheit. Am nächsten Abend gab sie mir einen dicken Briefumschlag.

Sie sagte: "Ich habe gestern Abend für sie gebetet, woraufhin ich das Gefühl hatte, ich sollte Ihnen diesen Brief schreiben und einige Dinge weitergeben."

Ich las später in Ruhe. Als erstes fiel mir ein Büchlein in die Hand, das die Überschrift trug:

DIE VERHEISSUNGEN JESU.
Ich schlug es auf und las aus Matthäus 17, 14-21:

Die Heilung eines mondsüchtigen Jungen
Als sie zurückkamen, begegneten sie einer großen Zahl von Menschen. Da trat ein Mann auf ihn (Jesus) zu, fiel vor ihm auf die Knie und sagte: Herr, hab Erbarmen mit meinem Sohn! Er ist mondsüchtig und hat schwer zu leiden. Immer wieder fällt er ins Feuer oder ins Wasser. Ich habe ihn schon zu deinen Jüngern gebracht, aber sie

konnten ihn nicht heilen. Da sagte Jesus: O du ungläubige und unbelehrbare Generation! Wie lange muß ich noch bei euch sein? Wie lange muß ich euch noch ertragen? Bringt ihn her zu mir! Dann drohte Jesus dem Dämon. Der Dämon verließ den Jungen, und der Junge war von diesem Augenblick an geheilt. Als die Jünger mit Jesus allein waren, wandten sie sich an ihn und fragten: Warum konnten denn wir den Dämon nicht austreiben? Er antwortete: Weil euer Glaube so klein ist. Amen, das sage ich euch: Wenn euer Glaube auch nur so groß ist wie ein Senfkorn, dann werdet ihr zu diesem Berg sagen: Rück von hier nach dort!, und er wird wegrücken. NICHTS WIRD EUCH UNMÖGLICH SEIN.

Die ZUSAGE, wenn ihr Glauben hättet, würde euch NICHTS unmöglich sein, traf nicht nur mein Ohr oder meine Gedanken, sondern mein tiefstes Inneres. Ich spürte, daß Jesus mir hier ganz speziell etwas zusprach, was er uns verheißen hatte. Dann fand ich noch einen Brief im Umschlag, in dem die Schwester mir Geborgenheit in Gott für mein ganzes Leben und das Geführtwerden in all seine Wahrheiten wünschte. Sie fügte Verse hinzu, die ihr viel bedeuteten:
Jesus hat mir zugesprochen – ER, der nie sein Wort gebrochen
- gültig heute, jetzt und hier:
Friede dir!
Schuld von gestern ist vergeben, heute darf ich mit IHM leben, heute gilt sein Zuspruch mir:
Friede dir!
Mitten in den Bangigkeiten, die mich durch den Tag begleiten, wird sein Wort zur Hilfe mir:
Friede dir!
Ob auch ungelöste Fragen ruhelos einander jagen, Ruhe gibt sein Grußwort mir:
Friede dir!

Wenn wie Wellen graue Sorgen überrollen schon den Morgen, schenkt sein Wort die Rettung mir:
Friede dir!
Wenn die Nacht auch lange dauert, Wege scheinen wie vermauert – sein Wort ist sein Licht schon hier:
Friede dir!
So kann ganz getrost ich wandern, denn von einem Tag zum andern geht das Wort des HERRN mit mir:
Friede dir!
Diese Verse schienen mit jedem Wort auf meine Situation einzugehen. Aber nicht nur dieser Friede war mir zugesagt, sondern ein großes Gottvertrauen und ein starker Glaube wurden mir in dieser Stunde geschenkt. Dieser schloß nicht nur damals meine Krankheit, sondern auch bis heute die kleinen und großen Dinge des Alltags ein. In dieser Stunde konnte Glaube zur Hoffnung werden.

Das hilfreiche Vertrauensvorbild des alten Mütterleins

Es war seltsam, aber dort im Krankenbett, im Zusammenhang mit dem Wort Gottvertrauen, fiel mir eine Ballade von der Gottesmauer ein, die ich als junges Mädchen einmal gelesen hatte, und die wohl einen starken Eindruck in mir hinterlassen hatte. In den ganzen Jahren hatte ich sie vergessen. Und nun aus heiterem Himmel kamen mir dort im Krankenhaus die Gedanken an das alte Mütterlein, das unbeirrt, trotz unüberhörbaren GEGENTEILIGEN Tatsachen auf die Hilfe Gottes baute, und ihm gleichsam das Unmögliche zutraute.

Später kramte ich zu Hause alles nach, und fand auch dieses Buch wieder und damit auch die beispielgebenden Verse des Clemens Brentano:

Die Gottesmauer
Drauß bei Schleswig vor der Pforte
Wohnen armer Leute viel.
Ach, des Feindes wilder Horde
Werden sie das erste Ziel.
Waffenstillstand ist gekündet,
Dänen ziehen ab zur Nacht.
Russen, Schweden sind verbündet,
Brechen her mit wilder Macht.
Drauß bei Schleswig, weit vor allen,
Steht ein Häuslein ausgesetzt.

Drauß bei Schleswig in der Hütte
Singt ein frommes Mütterlein:
„Herr, in deinen Schoß ich schütte
Alle meine Angst und Pein."
Doch ihr Enkel, ohn Vertrauen,
Zwanzigjährig, neuster Zeit,
Will nicht auf den Herren bauen,
Meint der liebe Gott wohnt weit.
Drauß bei Schleswig in der Hütte
Singt ein frommes Mütterlein.

„Eine Mauer um uns baue",
Singt das fromme Mütterlein,
„Daß dem Feinde vor uns graue,
Hüll in deine Burg uns ein." –

„Mutter", spricht der Weltgesinnte,
„Eine Mauer uns ums Haus
Kriegt unmöglich so geschwinde
Euer lieber Gott heraus." –
"Eine Mauer um uns baue",
Singt das fromme Mütterlein.

„Enkel, fest ist mein Vertrauen.
Wenns dem lieben Gott gefällt,
Kann er uns die Mauer bauen.
Was er will, ist wohl bestellt."
Trommeln romdidom rings prasseln,
Die Trompeten schmettern drein,
Rosse wiehern, Wagen rasseln,
Ach, nun bricht der Feind herein.
„Eine Mauer um uns baue",
Singt das fromme Mütterlein.
Rings in alle Hütten brechen
Schwed und Russe mit Geschrei,
Lärmen, fluchen, drängen, zechen,
Doch dies Haus ziehn sie vorbei.
Und der Enkel spricht in Sorgen:
„Mutter, uns verrät das Lied",
Aber sieh, das Heer vom Morgen
Bis zur Nacht vorrüberzieht.
„Eine Mauer um uns baue",
Singt das fromme Mütterlein.

Und am Abend tobt der Winter,
An das Fenster stürmt der Nord,
„Schließt den Laden, liebe Kinder",
Spricht die Alte und singt fort.

Aber mit den Flocken fliegen
Vier Kosakenpulke an,
Rings in allen Hütten liegen
Sechzig, auch wohl achtzig Mann.
„Eine Mauer um uns baue",
Singt das fromme Mütterlein.
Bange Nacht voll Kriegsgetöse;
Wie es wiehert, brüllet, schwirrt,

Kantschuhhiebe, Kolbenstöße,
Weh! des Nachbarn Fenster klirrt:
Hurra, Stupai, Boschka, Kurwa,
Schnaps und Branntwein, Rum und Rack,
Schreit und flucht und packt die Turba,
Erst am Morgen zieht der Pack.
„Eine Mauer um uns baue",
singt das fromme Mütterlein.
„Eine Mauer um uns baue",
Singt sie fort die ganze Nacht;
Morgens wird es still: "o schaue,
Enkel, was der Nachbar macht."
Auf nach innen geht die Türe,
Nimmer käm er sonst hinaus;
Daß er Gottes Allmacht spüre,
Lag der Schnee wohl mannshoch draus.
„Eine Mauer um uns baue"
sang das fromme Mütterlein.

„Ja, der Herr kann Mauern bauen,
Liebe, fromme Mutter, komm
Gottes Mauer anzuschauen!"
Rief der Enkel und ward fromm.
Achtzehnhundertvierzehn war es,
Als der Herr die Mauer baut'.
In der fünften Nacht des Jahres.
Selig, wer dem Herrn vertraut!
„Eine Mauer um uns baue",
Sang das fromme Mütterlein.

Ganz sicher waren dem Verfasser die Worte Jesu:
BITTET UND EMPFANGET, im Herzen.

Wo und wie finde ich Gott

In früheren Jahren war mir schon öfter das Gebot begegnet: Du sollst den Herrn, deinen Gott lieben aus ganzem Herzen und aus ganzer Seele und mit all deinen Gedanken und all deiner Kraft. Als zweites kommt hinzu: Du sollst den Nächsten lieben wie dich selbst. Kein Gebot ist größer als diese beiden. (Mark.12,30-31)
Es schien mir damals unmöglich. Ich konnte meinen Mann lieben, mein Kind, meine Eltern und sicher einige andere, die mir nahe standen. Aber wo fand ich Gott?
Ich fand IHN in diesem Prozeß von Not, Krankheit und STILLE, in mir selbst, in meinen Mitmenschen, ganz gezielt auch in denen, die er mir schickte und zu seinem Werkzeug machte. (1 Korinther 6,19: Oder wißt ihr nicht, daß euer Leib ein Tempel des heiligen Geistes ist, der in euch wohnt...)
Ich fand IHN in seinem Wort, das er uns hinterließ, in seinen Verheißungen, die, da ER ein lebendiger und kein toter Gott ist, heute so aktuell sind, wie vor fast zweitausend Jahren. Ich fand IHN in der Eucharistie, die mir immer wieder Kraft und Stärke gab. Hier fällt mir auch der Satz aus einem Buch von Karl Guido Rey ein: Glaube ist nicht eine theologische Formel, sondern eine erfahrbare Realität.
(Aus: Neuer Mensch auf schwachen Füßen)

Die geplante Behandlung

In einem Gespräch mit dem behandelnden Arzt erfuhr ich, daß man für mich ein Jahr Chemotherapie und fünfzehn Bestrahlungen (es wurden dann zwanzig) geplant hatte. Da der Inhalt der geplatzten Zyste jeweils vom Körper aufgesogen worden war und so in die Lymphbahn gelangt war, hatte man so entschieden. Er verschwieg mir, und ich erfuhr es später aus dem Krankenbericht bei dem nachbehandelnden

Arzt, daß nach einer halbjährigen Pause wieder ein stationärer Aufenthalt geplant war. Ich war überzeugt, daß ich ihn nicht brauchte. Die Therapie umfaßte jeweils vierzehntägige Einnahme starker Tabletten und Ampullen und vierzehn Tage „Erholung". Ich fragte den Arzt, ob und wie ich die Arbeit dann wieder aufnehmen könne, weil ich ja auch den Mitarbeitern nichts sagen konnte. Er wollte mir nicht ganz den Mut nehmen und meinte, da es ja im eigenen Betrieb wäre, sollte ich es doch vielleicht eine Stunde täglich versuchen.
Da große Schwäche und Übelkeit mit der Therapie einhergingen, wäre mehr unmöglich, außerdem würde ich mit großer Sicherheit meine Haare verlieren und er verwies mich auf gute Perücken.

Mein Herz wurde schon etwas schwerer und doch ging das Ganze irgendwie an mir vorbei.
Die Stationsschwester besuchte mich am Abend, nachdem sie Feierabend hatte, und verbrachte gutgemeint vier Stunden, bis Mitternacht, an meinem Bett, um mir klarzumachen, daß meine Vorstellungen unmöglich wären. Sicher konnte sie die Gegenwart Gottes nachvollziehen, aber ihre Erfahrung mit solchen Kranken hatte sie einfach anderes gelehrt. Sie nahm an, daß ich die Krankheit nicht annehmen, sondern verdrängen wollte.

Gott ist die Wirklichkeit

Man begann mit der Therapie. Bei Einnahme der Medikamente und auch später bei den Bestrahlungen oder zwischenzeitlichen Schmerzzuständen, pflegte ich solche oder ähnliche Meditation anzuwenden: „GOTTES GEIST IST IN MIR. ER IST STÄRKER ALS JEDES GIFT (ODER STRAHLEN ODER SCHMERZ), DARUM WERDEN

MEINE KRANKEN ZELLEN ZERSTÖRT, ES KANN ABER MEINEN GESUNDEN ZELLEN NICHTS ANHABEN. SO WIRD DURCH DIE WIRKLICHKEIT GOTTES DER ANSCHEIN DER KRANKHEIT VERGEHEN. Ich schaute so auf Gott und nicht auf die Krankheit. Die erwartete Übelkeit blieb fast aus. Die Schwäche hielt sich in Grenzen. (Ich hatte zweiunddreißig Pfund abgenommen). Der Professor lachte und sagte: „Leute wie sie können wir hier nicht gebrauchen, sie können am Samstag nach Hause gehen."

Glaube oder Therapie?

An diesem besagten Samstagmorgen entstand in mir eine große Verwirrung. Ich hatte morgens in „meinem Buch" etwas falsch verstanden, was sich jedoch erst am Nachmittag herausstellte, nämlich, daß man nicht gleichzeitig auf Gott und auf die Medikamente vertrauen könnte. Ich war total verwirrt. So bat ich den Arzt noch einmal um ein Gespräch, weil ich der Überzeugung war, daß ich die Therapie nicht brauchte und genug Gottvertrauen besaß. Meinen Mann bat ich, mich erst am Nachmittag abzuholen. Kurz vor dem Gespräch mit dem Arzt wurde mir durch nochmaliges Lesen klar, daß der Sinn der am Morgen gelesenen Buchstelle doch ein ganz anderer, nämlich folgender war:
ICH KANN NICHT SAGEN HERR, ICH HABE JA VERTRAUEN, ABER ZUR VORSICHT NEHME ICH DOCH LIEBER DIE MEDIKAMENTE.
Das wäre sicher ein wackliges Vertrauen. Es ging da also nicht um ein Entweder - Oder, sondern um ein Miteinander.
Mein Beispiel kann nicht für jeden in dieser Situation gleichermaßen gelten. Ich weiß von Spontanheilungen, die aber ganz sicher nicht die Norm sind. Gott benutzt sie als

ganz konkrete Zeichen, um Menschen zum Glauben zu führen. Als Jesus die Menschen lehrte, wurde seine Verkündigung, wie wir in der heiligen Schrift nachlesen können, von vielen Zeichen und Wundern begleitet. Keineswegs wollte ER als Wundermann gelten, sondern es geschah vielmehr, damit Menschen glauben und zur Umkehr zu Gott finden konnten. Und es geschah aus seiner übergroßen Liebe zu den Menschen heraus und aus dem Mitleid, das ER mit ihnen hatte. Aus genau den gleichen Gründen erleben wir auch in unserer Zeit nachweisbar spontane Heilungen. Ich spreche hier nicht von irgendwelchen Praktiken der sogenannten „Geistheiler", die ich voll ablehne.

Es sind mir auch andere Extreme bekannt, wo Menschen an übertrieben starken Behandlungen starben, Situationen, die jedoch für den Laien nicht überprüfbar sind. Darum gilt es IMMER, für die richtigen Ärzte zu beten und für deren richtige Entscheidungen.

Ich möchte folgende Bibelstelle anführen: Bei Jesus Sirach Kapitel 38 heißt es: Halte den Arzt wert, weil du ihn nötig hast, denn auch ihn hat Gott erschaffen. Von Gott hat der Arzt seine Weisheit.

....Gott bringt aus der Erde Arznei hervor, und ein verständiger Mann verachtet sie nicht. Mit ihr stillen die Ärzte den Schmerz und stellen die Apotheker die Salben her ... Mein Sohn, werde nicht gleichgültig in der Krankheit, bete zu Gott, denn ER kann dich heilen ... Aber auch dem Arzt laß seinen Platz. Er soll nicht von dir weichen, denn auch ihn hast du nötig. Gibt es doch Zeiten, wo Gelingen ist in seiner Hand und auch der Arzt läßt sein Gebet zu Gott aufsteigen, daß er ihm die Deutung der Krankheit gelingen lasse und die Arznei zur Erhaltung des Lebens diene.

Mein Gespräch mit dem Arzt hatte sich dadurch eigentlich erübrigt. Trotzdem war es noch gut. Zwei Sätze sind in meinem Ohr hängengeblieben. Er sagte: „Ich hatte noch nie eine Patientin, bei der der postoperative Verlauf so gut war (und er hatte ganz sicher viele Patienten)." Er sagte weiter: „Ich habe mich jeden Tag gefragt, wo Sie ihre Kraft hernehmen." Die Sätze waren mir Freude und Bestätigung. Froh, aber ziemlich verstört und verfroren, brachte mein Mann mich dann nach Hause. Er war durch die Stadtparks geirrt und hatte den Himmel bestürmt, voll Zweifel, ob das wohl richtig sein könnte, was ich ihm morgens am Telefon erzählt hatte. Wir waren beide froh, daß wir nun in uns Klarheit hatten. Ich wollte die Therapie weitermachen.

Wieder zu Hause

Zu Hause (welch ein schönes Wort) hatte unsere Zehnjährige einen schönen Kaffeetisch gedeckt. Wir genossen es zusammen zu sein. Aber nach kurzer Zeit machte sich Erschöpfung nach diesem Tage breit. Ich konnte nicht mehr sitzen und legte mich hin. Mein Mann schlief einfach im Sessel ein. Dann geschah etwas, was mir neu war. Die Glocken läuteten zur Abendmesse. Es war, als sagte mir jemand: „Steh auf und geh' hin." Und es war ein solches Drängen in mir, daß ich aufstand und mir den Mantel anzog. Meine Tochter wollte mich nicht gehen lassen. Sie sagte: „Der Papa wird mir Vorwürfe machen, daß ich dich hab gehen lassen, wenn er wach wird. Du kommst doch gar nicht bis dahin." Ich sagte ihr:" Wenn ich soll, bekomme ich auch die Kraft es zu tun. Sag' dem Papa, falls er wach wird, ich sei in der Kirche." Er wurde später wach und verstand: Mama ist in der Küche und – schlief weiter.
Es war einfach schön, wieder zu Hause in der Kirche zu sein. MEIN HERZ WAR WEIT OFFEN. Als der Lektor die Lesung beendete, er hatte auch die vorausgehende Auslegung

aus dem Schott gelesen, was sonst nie geschah, wußte ich, warum ich an diesem Abend zur Hl. Messe gehen sollte. Die Erklärung und die Lesung aus dem Buche Jesus Sirach 15, 15-20 lauten wie folgt:

Vorwort: Gegen zwei Irrtümer richtet sich der Weisheitslehrer Ben Sirach: gegen die Behauptung, die Sünde sei nicht vermeidbar, ja Gott selbst sei dafür verantwortlich, und gegen die Behauptung, Gott kümmere sich überhaupt nicht um den Menschen und wisse nichts von seiner Sünde. Das sagen die „Toren", die Gottlosen. Die Lesung sagt zunächst, daß DER MENSCH FREI IST ZWISCHEN GUT UND BÖSE, LEBEN UND TOD ZU WÄHLEN. Gott aber überläßt den Menschen nicht sich selbst. Er will, daß der Mensch sich für den Weg des Lebens entscheidet. Der Mensch kann wählen zwischen GUT und BÖSE. Gott kümmert sich um die Menschen.

Die Lesung selbst hat folgenden Text: Gott gab den Menschen seine Gebote und Vorschriften. Wenn du willst, kannst du das Gebot halten; Gottes Willen zu tun ist Treue. Feuer und Wasser sind vor dich hingestellt; streck deine Hände aus nach dem, was dir gefällt. Der Mensch hat Leben und Tod vor sich; was er begehrt, wird ihm zuteil. Überreich ist die Weisheit des Herrn; stark und mächtig ist er und sieht alles. Die Augen Gottes schauen auf das Tun der Menschen, er kennt alle seine Taten. Keinem gebietet er zu sündigen, und die Betrüger unterstützt er nicht.

Die Parallelstelle bei Dt. 30,19 war, als ich sie später nachlas, noch deutlicher: Leben und Tod lege ich dir vor, Segen und Fluch. Wähle das Leben, damit du lebst, du und deine Nachkommen. Liebe den Herrn, deinen Gott, hör auf seine Stimme, und halte dich an ihm fest; denn er ist dein Leben. ER IST DIE LÄNGE DEINES LEBENS.

Was ich da gehört und gelesen hatte, war für mich Aussage

und Wegweiser. Ich wußte seit dieser Stunde noch fester, daß ich leben würde und das Wort: GOTT KÜMMERT SICH UM DEN MENSCHEN, war mir ein unendlicher Trost. Und Gott führt nicht in die Irre.

Diese Zeit nach meinem Krankenhausaufenthalt war dann eigentlich die schönste meines Lebens. Ich lebte bewußter, harmonischer und glücklicher, als ich je gelebt hatte. Ich praktizierte das Zeugnis des uns begleitenden Priesters, der gesagt hatte: "Ein Tag, den ich ohne Gebet und Stille beginne, gelingt nicht halb so gut, wie mit Gott. Und ganz gleich, was kommt, die Zeit sollte man sich nehmen." Das leuchtete mir voll ein. Denn auch bei einem Radioempfänger, den ich nicht genau auf die richtige Frequenz eingeschaltet habe, kann ich nichts verstehen und er bringt nur Störungen und Begleitgeräusche hervor.

So lernte ich beten, erfuhr oft eine sehr erfüllte Stille, entdeckte die Bibel mit ihren wunderbaren Aussagen, übte mich in einem total positiven Denken und LERNTE meinen Geist als „Schaltzentrale" für meinen Körper zu nutzen. Ich erfuhr so auch durch eine große Dankbarkeit eine nie gekannte Gottnähe und -liebe, in die auch mein Mann voll eingeschlossen war. Darüber hinaus erfüllte mich eine große Liebe zu meiner ganzen Familie und den Menschen, denen ich begegnete.

Bitte und empfange

Der liebe Gott hat für jeden etwas anderes, aber immer das Richtige bereit. Mein Mann hatte während meines Krankenhausaufenthaltes das Geschenk eines Priesters entdeckt, das Buch: "So lernte ich beten", von Andre Seve. Er las und praktizierte es. Es ging hier darum, daß wir fordernd beten dürfen. Jesus sagt über die Kraft des Gebetes (Lk 11,9-13):

Darum sage ich euch: Bittet, dann wird euch gegeben; sucht, dann werdet ihr finden; klopft an, dann wird euch geöffnet. Denn wer bittet, der empfängt; wer sucht, der findet; und wer anklopft, dem wird geöffnet. Oder ist unter euch ein Vater, der seinem Sohn eine Schlange gibt, wenn er um einen Fisch, oder einen Skorpion, wenn er um ein Ei bittet? Wenn nun ihr, die ihr böse seid, euren Kindern gebt, was gut ist, wieviel mehr wird der Vater im Himmel den heiligen Geist denen geben, die ihn bitten.

Mein Mann und ich mit ihm, nahmen die Verheißungen Jesu an, die er allen gab, die an ihn glauben:

Alles, was zwei von euch auf Erden gemeinsam erbitten, werden sie von meinem himmlischen Vater erhalten. Denn wo zwei oder drei in meinem Namen versammelt sind, da bin ich mitten unter ihnen. (Mt 18,19-20)
Amen, amen, ich sage euch: Was ihr vom Vater erbitten werdet, das wird er euch in meinem Namen geben. (Joh 16, 23)
Wenn ihr in mir bleibt und wenn meine Worte in euch bleiben, dann bittet um alles, was ihr wollt:
Ihr werdet es erhalten. (Joh 15, 7)

Alles, was ihr in meinem Namen bittet, werde ich tun, damit der Vater im Sohn verherrlicht wird. Wenn ihr mich um etwas in meinem Namen bittet, WERDE ICH ES TUN. (Joh 14,13-14)
Sorget euch um nichts, sondern bringt in jeder Lage betend und flehend eure Bitten mit DANK vor Gott. (Phil 4,6)

Erneuerung des Taufgelöbnisses

Es ist eine unerhörte Tatsache, daß wir, wenn wir in der Taufe Kinder Gottes werden und diese als Erwachsene erneuern, bejahen und in unserem Leben umsetzen, auch Erben dieses großen Vaters werden. Dies geschieht keineswegs zwangsläufig. Jesus sagt dem Pharisäer Nikodemus, der ihn bei Nacht aufsucht und der ihn als den von Gott Gesandten erkennt: Amen, amen ich sage dir: WENN JEMAND NICHT AUS WASSER UND GEIST NEU GEBOREN WIRD, KANN ER NICHT IN DAS REICH GOTTES KOMMEN. (Jh 3,3 und 5)
Ich muß zu dem, was meine Paten einmal für mich, als Kind, versprochen haben, als Erwachsener bewußt „Ja" sagen, es erneuern und LEBEN. Oder, wenn ich als Erwachsener getauft bin, dazu stehen.
So sollte ich mir die Absagen an das Böse und das Bekenntnis des Glaubens immer wieder bewußt machen und mich fragen, ob ich es lebe. Text des Taufgelöbnisses:
Widersagen Sie dem Bösen, um in der Freiheit der Kinder Gottes leben zu können? – Ich widersage. Widersagen Sie den Verlockungen des Bösen, damit es nicht Macht über Sie gewinnt? – Ich widersage. Widersagen Sie dem Satan, dem Urheber des Bösen? – Ich widersage. Glauben Sie an Gott den Vater, den Allmächtigen, den Schöpfer des Himmels und der Erde? – Ich glaube. Glauben Sie an Jesus Christus, seinen eingeborenen Sohn, unseren Herrn, der geboren ist von der Jungfrau Maria, der gelitten hat und begraben wurde, von den Toten auferstand und zur Rechten des Vaters sitzt? – Ich glaube. Glauben Sie an den heiligen Geist, die heilige katholische Kirche, die Gemeinschaft der Heiligen, die Vergebung der Sünden, die Auferstehung der Toten und das ewige Leben? – Ich glaube.
„Erst, wenn wir uns dem Licht stellen, wird uns der Schritt

ins Licht geschenkt." (Julius Döpfner) Gott, der uns in der Schöpfung im Gegensatz zu allen anderen Lebewesen mit EINEM FREIEN WILLEN AUSSTATTETE, RESPEKTIERT IHN UNEINGESCHRÄNKT. DIESER ALLMÄCHTIGE, GROSSE GOTT BRAUCHT UNSER JA, UM WIRKEN ZU KÖNNEN. Eine Tatsache, die von uns oft nicht faßbar ist, denn wie oft versuchen wir, anderen unsere Meinung einfach überzustülpen.

Warum haben wir also oft Angst dieses „JA" zu sagen? Weil wir Angst haben, daß ER uns etwas nimmt!! Aber Gott gibt uns in unermeßlicher Liebe alles, was wir brauchen und ER, der Allwissende ist der Einzige, der weiß, was wir brauchen und wovon wir uns lösen müssen.

In dem Wort Gebet liegt bei der Betonung der ersten Silbe das Wort ge-bet. Jesus fordert uns immer wieder auf zu geben: Unsere Sünden, unsere Krankheiten, unsere Ängste, unseren Schmerz, unsere Sorgen. Aber nicht nur unseren Abfall sollen wir geben, sondern uns selbst, unsere Liebe, unseren Besitz.

Jesus sagt: Gebt, dann wird auch euch gegeben werden, IN REICHEM, VOLLEM, GEHÄUFTEM MASS WIRD MAN EUCH BESCHENKEN; DENN MIT DEM MASS MIT DEM IHR MESST UND ZUTEILT WIRD AUCH EUCH ZUGETEILT WERDEN (Luk. 6,38).

VERGEBUNG IST EINE FORM DES LEBENS!! Im Wort VERGEBEN liegt ja auch wieder das Wort geben. In dem Umfang, in dem wir uns selbst und dem Nächsten vergeben, gibt auch Gott uns Vergebung. Es liegt in der Natur Gottes zurückzugeben. Wir dürfen mit dem Recht des Kindes, zu dem ER uns gemacht hat, von IHM als Vater fordern. Das Wort Jesu: Wenn ihr nicht werdet wie die Kinder, werdet ihr nicht in den Himmel eingehen, bedeutet nicht, daß wir kindisch werden sollen, sondern vertrauensvoll wie ein Kind, daß die Hand in die des Vaters legt und so seine Führung ERFAHREN. In einem Seminar berichtete ein Mann, wie er seine Angst überwunden hat. Er sagte: „Jedesmal, wenn mich die Angst überfiel, machte ich mir bewußt, daß der große Gott mein Vater ist, und wie ein Kind sich auf die Schultern des Vaters setzt, so tat ich es auch. Und immer war ich dann größer als die Angst, und sie konnte mich nicht mehr erreichen."

Jesus läßt im Gleichnis vom verlorenen Sohn (Luk. 15,11...) den jüngeren Sohn sein Erbteil fordern, das ihm zusteht, und es heißt: „Da teilte der Vater sein Vermögen auf."
Wenn man gibt, empfängt man. Es vollzieht sich fast wie ein Gesetz. Mir fällt dazu ein Märchen ein, das ich vor einiger Zeit geschrieben habe. Es lohnt sich, darüber nachzudenken:

Die graue Stadt

Da war diese kleine geschäftige Stadt, die nahe an einem großen See gebaut war. Eine Stadt mit vielen runden Bögen und Häusern mit Fenstern, die wie Augen auf schmale Gassen schauten. Es waren Augen, die ein wenig listig, gar manche sogar verschlagen wirkten und das Treiben draußen argwöhnisch beobachteten. Diese Fensteraugen waren fast blind, denn sie wurden nie geputzt, damit auch ja niemand hineinschauen konnte.
In diese Stadt nun zog ein kleines Mädchen mit seiner Mutter. Es hatte keinen Vater mehr. Er war lange krank gewesen, und das kleine Mädchen hatte oft an seinem Bett gesessen. Bevor er starb, hatte er ihr einmal gesagt: „Weißt du, mein Kleines, man kann sein Leben verlieren, aber verlier`niemals dein Herz." Sie hatte nicht verstanden, was er damit meinte.
Nun ging das Mädchen durch die Straßen, die ihm noch fremd waren. Die Menschen hasteten schnell und alleine an

*Herr, Du schenkst in Fülle,
Laß mich davon weitergeben können,
damit die Welt ein Stück neuwerden kann.*

ihm vorbei. Keiner schaute es an. Auf einer Anhöhe stand eine Kirche mit einem kurzen Turm, auf dessen Spitze ein Hahn thronte. Er schien der lustigste Geselle in der ganzen Stadt zu sen, so schien es dem kleinen Mädchen. Es glaubte, er hopse da oben hin und her. Sie wollte dort nachschauen und fand auch einen Weg zu ihm. Eine schmale Stiege führte den Turm hoch, und wenn sie oben durch das runde Fenster schaute, war der Hahn ganz nah. Eben blies der Wind vom See herüber. Das kleine Mädchen sah, wie der Gockel sich rasch drehte, grad so, daß er es anschaute. Voll Erstaunen stieß er ein langes „Kikirikikiiii" aus. Die Kleine fand, daß es sehr lustig war, denn es klang so furchtbar rostig. Der Hahn entschuldigte sich und meinte, daß er ja schließlich schon lange da oben wäre, und er wäre vom Seewind schon ganz heiser.

Anna fand das nicht schlimm und beschloß, mit diesem lustigen Vogel Freundschaft schließen. Sie fragte ihn, ob er nicht wisse, warum diese Stadt und die Menschen darin so grau aussähen, und ihre Gesichter so leer wären. Aber sicher wisse er das, meinte der Hahn, denn er könne von da oben fast alles sehen. Die Menschen hätten ihr Herz verloren, sagte er, sie hätten es an irgend etwas gehängt, und nun hasteten sie nur noch rastlos hin und her. Sie hätten kein Herz mehr füreinander, und so wären sie langsam grau geworden wie manche Steine und auch alles um sie herum. Zwar merkten sie es manchmal wohl, aber sie wüßten nicht, wie sie es ändern könnten.

Anna fielen die Worte des Vaters ein: „Gib Acht, daß du nie dein Herz verlierst." Und auf einmal hatte sie verstanden, was er gemeint hatte, verabschiedete sich vom Hahn und versprach wiederzukommen. Gedankenverloren war sie herabgestiegen und nach Hause gegangen. Jetzt begriff sie, warum sie keine Freunde fand. Sie hatten ihr Herz an tote

Dinge verloren, und ohne Herz konnte man kein Freund sein.

Anna beschloß, ganz gut auf ihr Herz achtzugeben. Der Vater hatte vom Verlieren gesprochen. Verlieren wollte sie es nicht, aber vielleicht konnte sie es an den kleinen Jungen verschenken, der neben ihnen wohnte, damit er wieder ein Freund werden konnte. Und so machte sie es dann auch. Als sie es weggegeben hatte, ihr kleines Herz, da merkte sie, daß ihr ein Neues wuchs, daß noch viel größer war und weiter und gütiger und für andere schlug. Der Junge, der nun das Herz des kleinen Mädchens hatte, machte es genauso und schenkte es einem andern. Und die Menschen spürten, daß es so viel schöner war, und machten es auch so. Wenn sie ein neues Herz geschenkt bekommen hatten, verschenkten sie es an einen anderen weiter. Und alles Graue fiel von Ihnen ab. Sie merkten, wenn sie schenkten, erwuchs Ihnen Größeres und Schöneres neu.

Die graue Stadt bekam Farbe und neues Leben. Die Fenster der Häuser begannen zu glänzen, und alles wurde hell und freundlich. Der Hahn konnte wieder funkeln, denn die Sonne hatte den grauen Nebel vertrieben, der wie ein Schleier über der Stadt gelegen hatte.

Wenn nun Fremde in die Stadt kamen, erzählten die Leute, wie ein kleines Mädchen mit einem schenkenden Herzen die Stadt verändert hatte. Und weil es dort so wohltuend war, wollten sie es alle genauso machen.

Nicht nur dieses kleine Mädchen konnte so positiv auf die Stadt einwirken, sondern wir alle könnten unsere Umgebung und die Welt verändern, wenn wir Christentum LEBEN würden. Es ist nicht nur eine Beruhigung, sondern auch eine Forderung. Gott gab uns die Gebote nicht, um uns unter Druck zu setzen, sondern weil er wußte, daß wir sie brauchten, um glücklich leben zu können.

Maria – ein Weg zu Jesus

Während meiner Krankheit führte der Weg meines Mannes öfters an einer Kirche vorbei, an der man „zufällig gut parken konnte". Er hatte dort, wie er mir später sagte, inzwischen einen Stammplatz. Er fand einen tiefen Zugang zu Jesus über dessen Mutter Maria und ihre Fürsprache. Er gelobte eine jährliche Fußwallfahrt nach Kevelaer, die über zweihundert Kilometer ging, wenn ich ihm erhalten bliebe. Als er es mir sagte, war ich tief berührt, denn ich wußte, daß er sehr wenig freie Zeit hatte. Er ist diese Wallfahrt inzwischen viele Male mit Freuden gegangen. Er tat es um zu geben. Nicht wie man gibt, um mit Gott zu handeln, denn Gott ist kein Krämer, sondern wie man gibt, wenn man liebt. Sein Weg war dann ein anderer als meiner.

Auf die für mich daraus ergebende Frage nach der Mutter Jesu, erfuhr ich, daß sich an ihr viele christliche Gemüter scheiden. Gleichwohl kommen wir an vielen Tatsachen und Erfahrungen nicht vorbei. Meine Überlegungen und Erkenntnisse dazu sind folgende:

Am Kreuz hängend, machte Jesus selbst Maria zu unserer Mutter, indem er zu Johannes sprach:" Siehe, deine Mutter." Sie war die Frau, die Gott aussuchte, seinen Sohn zu tragen und so neun Monate mit ihm engstens verbunden war. Das Gebet „Gegrüßet seist du Maria", von dem viele glauben, es nicht beten zu können, ist ein vom Engel Gabriel übermittelter Gruß von Gott selbst. Warum sollten WIR da Schwierigkeiten haben, diesen Gruß zu wiederholen, zumal die Mitte des Gebetes ein Lobpreis Jesu ist? Im Rosenkranz wird dieses Gebet benutzt, das ganze Leben JESU zu betrachten. Maria selbst hat, während sie lebte und darüber hinaus bis heute, immer auf Jesus hingewiesen *(Was er sagt, das tut.*

Joh. 2,5) und niemals auf sich selbst. Für viele ist sie Wegbegleiterin und Hilfe auf dem Weg zu Jesus Christus. Ich habe Menschen erlebt, die den Weg zu Gott schwer oder überhaupt nicht fanden, z.B. weil sie ein falsches Gottbild hatten oder IHN nicht annehmen konnten, weil sie selbst ein gestörtes Verhältnis zum leiblichen Vater hatten. So konnten sie auch Gott nicht als Vater annehmen. Oft war der leibliche Vater nur streng und strafend oder überhaupt nicht da (Krieg, Tod usw.) In vielen solchen Fällen hat sich Maria als DIE Mutter erwiesen, die „ihre Kinder" an die Hand nimmt und zu Gott führt. Ein weiterer Grund, Maria zu ignorieren, liegt oft an einer falschen, aber eingefahrenen religiösen Erziehung. Maria wird einfach ausgespart. Luther bekannte sich zur Mutter des Herrn und verehrte sie. Erst in den Jahren des dreißigjährigen Krieges, in denen sich der Haß zwischen den christlichen Religionen breit machte, suchte man eine Abgrenzung und fand sie in der Marien- und Heiligenverehrung. Es gibt bis heute Stimmen (ganz sicher aus Unwissenheit), die den Katholiken unterstellen, Maria und die Heiligen anzubeten. Daß es hier nur darum gehen kann, in einer allumfassenden Kirche, die nicht nur die Lebenden, sondern auch die Verstorbenen, die bereits in der Anschauung Gottes leben, um Fürsprache zu bitten, müßte in unserer aufgeklärten Zeit einfach einleuchten. Ich bin immer erschrocken, wenn ich etwas anderes höre. Ein anderer Grund die Gottesmutter nicht annehmen zu können, kann ein gestörtes Verhältnis zur eigenen leiblichen Mutter sein. Wir sollten dankbar die Hilfe Mariens annehmen, unser Mutterbild zu korrigieren. Ich habe viele sagen hören, ich brauche Maria nicht, ich kann sofort zu Jesus gehen. Das ist richtig! Und wir sollten gehen und ihr dabei die Liebe und Hochachtung bringen, die wir ihr als Gottesmutter schulden. An ihrem Vorbild können wir Glauben lernen. Nicht zuletzt sollten wir diesem unendlich zärtlichen Gott danken, der auf jeden eingeht, da wo er steht. Vielen von uns zeigt er, daß der Weg mit Maria EINE Möglichkeit ist, IHN zu finden. Gertrud von le Fort sagt: Die Welt bedarf der mütterlichen Frau, denn die Welt ist weithin ein armes, hilfloses Kind. Edith Stein empfand: Als die allerseligste Jungfrau ihr „JA" sprach, da begann das Gottesvolk auf Erden, und sie war seine erste Dienerin.

War auch der Weg meines Mannes anders als meiner, so hatten wir uns doch immer wieder an den Kreuzungen getroffen, hatten die gleiche Ausrichtung und konnten dann gemeinsam weitergehen. Das ist das Schönste, was ich mir in einer Ehe vorstellen kann. Wir haben es so erfahren, daß, wo Gott das Band zwischen den Eheleuten ist, es gar keine Disharmonie geben kann, – denn Gott ist Frieden, dort kann es keinen Haß geben, – denn Gott ist Liebe, es kann auch keine Traurigkeit geben, – denn Gott ist die Freude. FÜR UNS IST GLAUBE EINE ERFAHRBARE REALITÄT GEWORDEN, und wir haben gelernt, Schwerpunkte zu setzen.

Die Zeit der Therapie

Ich erfuhr während meiner Therapie, daß ich nicht nur vielleicht eine Stunde, sondern acht Stunden im Geschäft arbeiten konnte und daneben auch noch einen großen Teil meiner Hausarbeit schaffte. Zwei Tage in einem halben Jahr erlebte ich, daß ich den Kopf nicht von links nach rechts drehen konnte, ohne daß ich das Gefühl hatte, Magen und Herz würden mir aus dem Körper fallen. Aber auch das hat wohl sicher sein müssen, damit ich überhaupt erfuhr, wie es normalerweise gewesen wäre.

Am Karfreitag desselben Jahres erlebte ich einen totalen Zusammenbruch meines gesamten Magen- und Darmtraktes. Durch falsche Koordination waren Chemotherapie und Bestrahlungen gleichzeitig erfolgt. Nicht ein Glas Wasser behielt der Körper. Ich verschwendete jedoch keinen Gedanken daran, daß es etwas anderes sein könnte, als Gott mir zugesagt hatte. Dienstag nach Ostern stand ich wieder, acht Pfund leichter, aber ich stand und tat meine Arbeit. Meine Haare verlor ich nicht. Wobei ich hier gerne anderen in dieser Situation sagen möchte, daß man daran in KEINEM Fall Gottes Wirken oder Nichtwirken ablesen kann. Sein Plan mit den Menschen ist immer wieder anders.
Nach einem halben Jahr, als ich eigentlich wieder in die Klinik sollte, schlugen zwei Professoren aus unterschiedlichen Richtungen ohne Abstimmung vor, die Therapie abzusetzen. Seitdem sind einige Jahre vergangen. Ich bin gesund und fühle mich ausgezeichnet. Anfangs hatte ich vierteljährliche, dann halbjährliche, jetzt jährliche umfangreiche Untersuchungen. Von Anfang an bin ich ohne jede Angst mit großer Gelassenheit hingegangen. Es gab zwischendurch Zeiten mit starken Symptomen und Untersuchungen, die wiederholt werden mußten. Ich wußte diese Dinge nicht einzuordnen und erwähnte sie einmal gegenüber der Krankenschwester, die mir damals im Krankenhaus so hilfreich war. Wir haben heute ein herzliches und freundschaftliches Verhältnis zueinander. Sie sagte mir nur: „Lies in der Bibel doch einmal das Buch Hiob." Ich tat es und ordnete diese falschen Symptome bei den Anfechtungen ein und Gott hilft mir, daß sie mich nicht in Verwirrung oder Angst versetzen.

Heilung, Glaubensprüfung oder Anfechtung?

Eine dritte Erfahrung mit Krankheit und Heilsein machten wir, nachdem ich ein Vierteljahr in der Therapie war, mit unserer Tochter. Sie war zwei Jahre zuvor, achtjährig, an einer starken Schwellung am Ellbogengelenk operiert worden. Das Röntgenbild hatte eine Knochenzyste und einen Tumor ergeben. Herausgenommen wurde ein verhärteter Bluterguß und die Sache schien erledigt. Eineinhalb Jahre später war erneut eine Schwellung da. Ich ging dieses Mal in ein anderes, auch großes und bekanntes Krankenhaus und bat um Untersuchung. Eine erneute Operation verzögerte sich durch meine Krankheit.

Als ich sie dann hinbrachte, wies ich den chirurgischen Oberarzt noch einmal auf die Diagnose der Knochenzyste hin, die man mir zwei Jahre zuvor mitgeteilt hatte und von der später nicht mehr die Rede war. Der Oberarzt wies am späten Nachmittag „zu unserer aller Beruhigung", wie er sagte, die Röntgenabteilung zu Aufnahmen an. So machte man nacheinander sechs Bilder von Armen und Händen des Kindes. Während drei Ärzte das Resultat lange begutachteten, wurde es mir seltsam ums Herz. Dann kam der Oberarzt mit dem Ausdruck größten Bedauerns auf mich zu und sagte: „Es tut mir unwahrscheinlich leid, aber das Kind hat eine schwere Knochenzersetzung, wie es nur bei alten oder bettlägerigen Menschen oder bei Schwerkranken der Fall ist."

Ich muß sagen, es ging wieder irgendwie an mir vorbei. In großer Ruhe betete ich im gleichen Augenblick:" Herr, wenn es so ist, so hast du die Zyste am Arm wachsen lassen, damit wir darauf aufmerksam würden und dann kann es nicht zu spät sein." Auf die Frage des Arztes, was denn nun zuerst überprüft bzw. operiert werden sollte, erwiderte ich:"Beides in einer Narkose." Er meinte, daß dies nur im Kinderkrankenhaus möglich sei, und versprach mir, für eine sofortige Verlegung zu sorgen. Einem Impuls folgend bat ich ihn, das Kind an diesem Tage mit nach Hause nehmen zu können und am nächsten Tag selbst ins Kinderkrankenhaus zu bringen. Obwohl das nicht üblich war und die Verlegung normalerweise nur von Krankenhaus zu Krankenhaus erfolgt, sagte er es mir zu. Er veranlaßte alles und gab mir die Unterlagen mit.

Die Kleine hatte von allem nichts mitbekommen und war froh, an dem Tag mit nach Hause zu können. Als ich es dort erzählte, begann meine Mutter wieder zu weinen. Mein Vater, der das Kind über alles liebte, sagte nur: Mein Gott, mein Gott. Und mein Mann wurde kreideweiß.

An diesem Abend bat ich meine Tochter, mir die Meditation nachzusprechen, die ich ja auch selbst noch ständig praktizierte: GOTT IST IN MIR. ER IST DIE WIRKLICHKEIT UND GRÖSSER UND STÄRKER ALS JEDE KRANKHEIT. DARUM WIRD DER ANSCHEIN DER KRANKHEIT VERGEHEN. Sie verstand wahrscheinlich überhaupt nichts. Als sie eingeschlafen war, betete ich in einer solchen Inbrunst, wie ich es vorher und nachher nie mehr vermocht habe. Ich bestürmte Gott und bat Maria als Mutter und alle Heiligen um Fürsprache. Ich erinnerte mich an die Heilungen der Bibel und wie Jesus die Menschen oft berührte, als er sie heilte oder ihnen zusagte:" Dein Glaube hat dir geholfen." Und so tat ich das Gleiche. Im Gebet hielt ich sie Jesus hin und tief aus meinem Herzen brachte ich meinen Glauben an sein Wirken.

Am andern Morgen fuhren wir ins Kinderkrankenhaus. Mein Mann ging wieder auf seinen „STAMMPLATZ" zum Gebet, wie er mir später am Abend sagte. Ich übergab dem Ambulanzarzt meine Unterlagen. Er untersuchte und besprach sich dann lange mit zwei weiteren Ärzten. Es waren genau wie am Vortag drei Ärzte: Der chirurgische Oberarzt, der Röntgenologe und hier der Ambulanzarzt, dort der Stationsarzt. Nach einer ganzen Zeit kam der Chirurg auf mich zu und sagte:" Ich weiß nicht genau, warum sie hier sind. Das Kind ist uns zwar mit schwerer Osteoporose überwiesen, in unseren Augen ist das Skelett des Kindes aber vollkommen in Ordnung." Es waren Aufnahmen des Vortages, die sie beurteilten. Die Schwellung am Arm bezeichneten sie als prallgefüllte Bursa, die durch die Reizung der ersten Operation entstanden sei. Wegen des Wiederholungsfalles rieten sie mir von einer Operation ab. Meine Frage, wie sie sich die unterschiedlichen Diagnosen erklärten, konnten sie nicht beantworten. Sie hatten nur ein Achselzucken und meinten: „Vielleicht sehen die Kollegen nicht so viele Kinderskelette." Nach der Blutentnahme, die noch gemacht wurde, nahm ich mein Kind – und ging nach Hause. Ich habe nie versucht, dies zu ergründen. War es Heilung oder Glaubensprüfung oder Anfechtung? Ich weiß es nicht. Aber ich war unendlich dankbar.

Gott führt weiter

In der darauffolgenden Zeit erlebten wir, daß Gott uns ganz konkret zu Menschen hinführte, die oft selbst große Erfahrungen mit Gott gemacht hatten. Wir erlebten neue geistliche Bewegungen innerhalb der christlichen Kirchen, die erkannt hatten, daß Christentum nicht nur eine Beruhigung, sondern auch eine Forderung ist. Wir trafen Menschen, welche die Gaben, die Gott jedem schenkt, einsetzten. Wie oft klappen wir unsere Ohren hoch und wollen gar nicht angesprochen werden. Ich hörte auf einem Treffen, wie Kardinal Höffner Karl Rahner zitierte und sagte:" Diese Gruppen sind Oasen in der Kirche. Schlagen Sie Wege zwischen den Oasen, so daß aus der großen Wüste der Kirche eine fruchtbare Oase werden kann.!" Wir haben dort erlebt, daß Kirche nicht tot ist und Christus durch den heiligen Geist so lebendig ist wie vor fast zweitausend Jahren.

Wir wurden geführt durch Bücher, die uns im richtigen Moment in die Hände kamen, durch Menschen, die uns begegneten und uns durch ihre Erfahrung und Offenheit weiterbrachten. Ja, wir erlebten den treuen und geduldigen Gott, der nie mehr von uns verlangt, als wir geben können, der uns aber auch weiterführt und dadurch unsere Herzen verändert und durch uns oft unsere ganze Umgebung. Er tut dies niemals durch eine „Gehirnwäsche", sondern zärtlich und behutsam. Dabei muß der „weiteste" Weg zurückgelegt werden, den es in dieser Welt gibt: Vom Verstand bis zum Herzen!!

Unser „Dazutun" zum Heil

Oft habe ich Fragen gehört:
„Ja, warum tut er es denn bei mir nicht?" oder „Warum wirkt er in dieser oder jener schlimmen Situation nicht?"
„Warum verändert er nicht das Negative in der ganzen Welt?"
„Warum geht er nicht durch die Krankenhäuser und heilt alle?"
In der Bibel steht doch: „Er ist allmächtig."
Also kann es doch gar nicht so weit her sein, mit seiner Allmacht!"
Wie sieht das denn nun wirklich aus? Als Gott den Menschen schuf, gab er ihm, im Gegensatz zu allen anderen Geschöpfen, einen freien Willen, der sogar so frei war, daß wir uns GEGEN ihn entscheiden können. Und er achtet diese Freiheit so sehr, daß, wenn wir zu Gott „Nein" sagen, er in

uns NICHT WIRKEN KANN. Er gab uns seine Gebote und Worte, nicht, weil er uns damit unter Druck setzen wollte, wie es bei Menschen mit falschem Gottbild oft angenommen wird, sondern, weil er wußte, daß wir nur so glücklich und gesund leben können.
Aber wie wollen wir glücklich und heil werden, wenn wir seine Gebote und Worte gar nicht lesen, nie gelernt haben und nicht kennen? Wie wollen wir heil werden, wenn wir falsche Vorstellungen haben und glauben, Gott verlange von uns Dinge, die wir gar nicht geben können? Oder, wir glauben, er nimmt uns alles, was uns lieb ist. Ich erwähnte bereits, daß es in der Natur Gottes liegt, zu geben und nicht zu nehmen. Vielleicht glauben wir, man müsse dann den ganzen Tag beten? Was sollen dann unsere Nachbarn denken, oder die Menschen, die mit uns leben oder arbeiten?
Die könnten ja denken, wir wären fromm geworden? Und dies in einer Zeit, wo das unmodern erscheint, in der man sich selbst verwirklichen, sein Bewußtsein erweitern und sich selbst erlösen muß. Oder wir arbeiten und schaffen, möglichst an sieben Tagen in der Woche, damit wir uns und vor allem unseren Kindern zwischendurch etwas „gönnen" können. Dadurch jedoch geraten wir in eine immer größere Abhängigkeit.

Wir können uns nicht selbst erlösen wie uns neue Religionen, Praktiken und Heilslehren beibringen wollen und all unsere Abhängigkeiten hindern uns daran, heil zu werden. Aber wie schön wäre es, und dann wäre unser ganzer Tag wirklich Gebet, wenn wir in seinem Namen unsere Arbeit tun, unseren Angehörigen und unserer Umgebung in Freundlichkeit begegnen, UM SEINETWILLEN. Wenn wir gegen die menschliche Eigenart, am liebsten Negatives zu verbreiten, ankämpfen und versuchen, Positives und Aufbauendes weiterzugeben, oder lieber den Mund zu halten; wenn wir zwischendurch IHN suchen und SEINE

Führung erbitten. Wie wollen wir oder unsere Welt heil werden, wenn wir z.B. auf Krankenschein morden können?!! Wo menschliche Lebewesen, die eine Seele und Gefühle haben, einfach abgetrieben werden können. Und in dieser Richtung wäre noch so vieles anzufügen. Wie wollen wir heil werden, wenn unser Denken nur, wie in einer Kommode, in Schubladen eingeengt ist, und wir damit zufrieden sind?

Auch Glaube unterliegt dem Wachstum

Wenn wir uns umschauen in der Natur, der Zeit, der Geschichte, der Technik, bei den Menschen in unserer Umgebung oder in uns selber, so stellen wir fest, daß alles einem Wachstum unterliegt. Alles entwickelt sich. Der Mensch wird als Baby geboren und wächst heran. Sein Intellekt entfaltet sich mit zunehmendem Lernen. So kann sich auch Geistliches in uns nur entwickeln, wenn wir ihm Raum geben. Aber gerade hier sind wir oft wie ein voller Krug, in den nichts mehr hineinpaßt. Er ist oft vollgefüllt mit Skepsis, Vorurteilen, Blockaden aus eigener oder ererbter Schuld, die uns von Gott trennen.
Wir sollten zu IHM gehen und diesen Krug vor IHM aus schütten. Er ist der EINZIGE, der all das wegnehmen kann, und er will das tun!! Dann sollten wir diesen Krug nicht wieder verschließen, sondern Gott bitten, daß er ihn füllt. Und wir werden staunen, was sich dort dann alles sammelt. Ganz sicher braucht es Zeit und Wachstum. Aber ganz sicher ist dies ein Weg, zu Gott zu finden, daraus heil zu werden, ein Stück Welt zu verändern, nämlich das Stück, auf dem ich stehe. GOTT WIRKT IN DEM MAßE, IN DEM WIR ES IHM ZUTRAUEN!! Hören wir also auf das, was er uns zu sagen hat, durch sein Wort, durch Menschen,

durch die ER zu uns spricht, und bitten wir IHN, es in der rechten Weise unterscheiden zu können.
Wir müssen schon hinhören, um Gott zu verstehen. Er ist nicht im Trubel verständlich. Wenn wir uns nur dem Lauten aussetzen, verpassen wir ihn.

Dann geht es uns wie zwei Freunden, die sich, aus verschiedenen Richtungen mit dem Zug kommend, bei einem kurzen Aufenthalt, auf dem Bahnhof treffen wollen. Gerne möchten sie sich wichtige Dingen mitteilen. Sie steigen aus, finden sich auch und freuen sich über das Wiedersehen. Als sie sich austauschen wollten, fährt gerade ein langer Güterzug durch. Er rattert so laut, daß nichts zu verstehen ist.
Sie gehen auf einen anderen Bahnsteig. Aufatmend beginnt einer der Freunde mit seiner Nachricht, als ein Intercity an ihnen vorbeidonnert. Sie können sich wieder nicht verständigen. Das geschieht ihnen noch ein drittes Mal. Da schauen sie auf die Uhr und müssen feststellen, daß es höchste Zeit ist. Ihre Züge fahren weiter. Sie können sich nichts sagen.
Viele Menschen hören Gott ein Leben lang nicht, und wissen nicht, woran es liegt.

Das eigene Begrenzen

Wie sehr die Menschen nach Orientierung, Liebe und Heilung suchen, erfahren wir fast jeden Tag, persönlich oder in den Medien. Nur sind die Wege dorthin zum Teil abartig oder unter Vortäuschung des Guten doch so furchtbar irreführend. Wie oft begrenzen wir uns selbst durch falsches Bewußtsein, wie zum Beispiel die Frau in der folgenden Geschichte, die ich einmal las und deren Verfasser ich nicht kenne:

Das Knäckebrotbewußtsein

Da war einmal eine Frau, die hatte jahrelang Pfennig auf Pfennig gelegt, um sich eine Kreuzfahrt leisten zu können. Schließlich hatte sie genug zusammen, um die Fahrkarte zu kaufen. Aber es blieb ihr nicht mehr viel für Extras übrig. Das macht nichts, dachte sie. Ich werde eine Menge Knäckebrot und Käse mitnehmen und dies in meiner Kabine verzehren. Dadurch wird die Reise nicht zu teuer. Gesagt, getan! Sie genoß ihre Kreuzfahrt. Gewiß, wenn die anderen Passagiere in den Speiseraum gingen, mußte sie sich etwas Gewalt antun, sich in ihre Kabine zurückziehen, um Knäckebrot und Käse zu essen. Sie tröstete sich damit, daß sie genug Geld bei sich hatte, um am letzten Abend am großen Dinner teilnehmen zu können. Das sollte ein Festessen werden.
An jenem letzten Abend zog sie ihr bestes Kleid an. Erwartungsvoll bestellte sie in dem großen Speisesaal die köstlichen Speisen. Das ist wirklich ein Opfer wert, dachte sie. Nach dem Essen bat sie den Steward, die Rechnung zu bringen. Der sah sie erstaunt an. Aber Madame, sagte er, wußten sie denn nicht, daß alle ihre Mahlzeiten in ihrem Fahrpreis inbegriffen sind?

Wir empfinden vielleicht Mitleid mit der Dame, die nur von Knäckebrot und Käse lebte, während die köstlichsten Speisen darauf warteten, von ihr bestellt zu werden. Aber wie oft machen wir es im Grunde genauso. Wir laufen irgendwelchen armseligen Ideologien nach, die uns nicht helfen können, statt sich von Gott in Fülle beschenken zu lassen.

Ich habe Gott für meine Krankheit und die anderen Erlebnisse immer nur danken können. Hätten wir dies alles nicht erfahren können, so hätten wir am Leben vorbei gelebt. Mit Staunen erlebe ich oft, daß Gott uns Menschen zuführt (oder Wege gehen läßt), an die wir unsere Erfahrungen weitergeben können, um uns so zu seinem Werkzeug zu machen. Martin Gutl erkannte das wohl auch und drückte es in folgenden Versen aus:

Wer gelitten hat, wird verstehen können
Wer verwundet ist, wird heilen können
Wer geführt ist, wird weisen können
Wer getragen ist, wird tragen können

Warum ausgerechnet ich?

Jedem Kranken, der fragt: „Warum ausgerechnet ich?" dem möchte ich sagen:" Damit du die Chance hast, Gott zu begegnen. Vertue sie nicht!!"
Es hat fünfundzwanzig Jahre gedauert, bis ich den Spruch verstand, den mir einmal eine Lehrerin aufgeschrieben hatte:

Meinst Du, es läge auf der Straße Deines Lebens
auch nur ein Stein, ein Hindernis vergebens?
Er mag nun häßlich, groß sein oder klein,
glaub mir, da wo er liegt, da muß er sein!
Gewiß nicht, um Dein Weitergehn zu hindern,
gewiß nicht, um Dir Trost und Kraft zu mindern.
Nein! – Darum legte in den eb'nen Sand
des Weges ihn die eine güt'ge Hand,
damit Du Dir den Stein wollest recht beschau'n
und dann mit Gott in gläubigem Vertrau'n
darüber reden sollst und sollst IHN fragen,
was mit dem Stein ER Dir wollte sagen.
Und bist Du Gott an jedem Stein begegnet,
so hat Dich jeder Stein genug gesegnet.

Steine auf dem Lebensweg zur Begegnung mit IHM nutzen!

Vieles habe ich nun von den Erfahrungen der letzten Jahre geschrieben, die wir machen durften. Viele Schriftworte, die ich nicht nur mit dem Verstand gelesen habe, sondern die mir ins Herz gefallen sind, habe ich aufgeschrieben und möchte sie auch Ihnen im Namen Jesu zusprechen. Wenn sie mich fragen würden, wie kann ich Gott an diesem „großen oder kleinen Stein", an dem ich gerade stehe, begegnen, so würde ich Ihnen antworten: Zunächst einmal müssen wir sein Wort kennen, damit es uns stärken kann und wir daraus leben können. Es gibt uns die Kraft, die wir gerade brauchen. Dabei sollten wir immer nur den heutigen Tag bedenken und die anderen Sorgen und Ängste dem Herrn geben. Dadurch wird der Glaube an Gottes Führung freigesetzt. Er zeigt uns immer nur den nächsten Schritt – und den sollten wir dann auch gehen! Würde er uns vieles auf einmal deutlich machen, gingen wir vielleicht eher einen Schritt zurück, weil wir überfordert wären. UND GOTT ÜBERFORDERT NIE! Das sind immer wir selbst, die wir uns unter Druck setzen. ER ist unendlich geduldig. Durch das Schauen auf Ihn verändert er wohl unser Herz. Es ist wie beim Gehen auf einem Weg. Stück für Stück kommen wir weiter. Geduldig nimmt ER uns an die Hand, wenn wir es zulassen. ER tut nie etwas gegen unseren Willen!

Wir müssen lernen, in eine Vertrauensbeziehung mit Gott einzugehen. Sein Wort: Euch aber muß es zuerst um SEIN Reich und um seine Gerechtigkeit gehen; dann wird euch alles andere dazu gegeben (MT 6,33) ist die feste Zusage, daß er in unserem Alltag wirken will. Nun ist es die große Frage, wieviel oder sinnbildlich gefragt, wieviele Räume geben wir IHM?

Stellen wir uns vor, in einer großen Villa oder Burg zu leben, mit großem Park und befestigter Mauer drumherum und mit Sprechanlage am Tor. Nehmen wir an, ER steht draußen und möchte herein. Verschanzen wir uns hinter der Mauer der „tausend Einwände"? Keine Zeit; schon genug Streß; hab' noch 'ne Sitzung; ausgerechnet jetzt muß ich zum Sport; gerade ein schöner Fernsehfilm; wollte doch mal Urlaub machen und mich mal so richtig ablenken; eigentlich bin ich gerade schon auf dem Sprung, lohnt sich nicht, daß du noch reinkommst. Schade, immer wenn du kommst, bin ich schon halb aus dem Haus. Oder – fertigen wir Ihn an der Sprechanlage ab, damit er uns nur ja nicht zu nahe kommt? Oder – drücken wir IHM per automatischem Türöffner das Tor auf, damit er im Park etwas hin und her spazieren kann, damit wir auf Rufkontakt sind und Ihm hin und wieder bei Bedarf eine Bitte zurufen können? Oder – machen wir ihm sogar die Haustüre auf und bieten ihm unser Gästezimmer an, wo er kurze Zeit bleiben kann? Oder – lassen wir IHN einfach in der Diele stehen und sagen: Bis hierher und nicht weiter! Oder – stellen wir IHN in den Abstellraum, wo wir das Gerümpel, das wir ja eigentlich doch nicht brauchen, aufbewahren? NEIN, GOTT WILL ÜBERALL WOHNEN. Er will in ALLEN BEREICHEN unseres Lebens Raum haben. Und wenn WIR ihn einlassen, wird ER in diesem, unserem Haus das Licht sein.

Die Frucht des Gebetes

Wir haben in unserer Familie immer wieder ganz konkret IM ALLTAG erfahren, daß kein Problem zu groß, zu klein oder zu banal wäre, um es Ihm zu bringen. Aus der Erfahrung seines Wirkens erwächst eine große Gelassenheit. Ich habe so erfahren, daß nicht das Begreifen aus dem Verstand

heraus uns Gott näher bringt und daß wir nicht sein Wort begreifen, indem wir es diskutieren und es in ein Reagenzglas füllen, um es zu untersuchen. ÜBERALL, wo wir glauben, aus eigener Kraft etwas vollbringen zu müssen, läuft es auf einen Aktivismus hinaus, an dem wir scheitern werden. Darum sollten wir in allem, was wir tun, uns so einsetzen, als ob alles von unserem Tun abhinge, aber so vertrauen und beten, weil wir begreifen, daß alles von Gott abhängt.
Wie oft habe ich Menschen sagen hören: Nein, mit solchen Bagatellen wollen wir Gott nicht kommen, der hat andere Dinge zu tun. Wie klein machen wir IHN mit solch einem Denken. Wir sehen in ihm einen gestreßten Gott, der von einem zum anderen hetzt. Dieses Gottesbild bedarf der Erneuerung.
Ein mit uns befreundeter Missionar aus Papua New Guinea schrieb uns vor kurzem aus seinen Exerzitien einen Brief. Er bat uns, folgende Worte der Mutter Teresa zu bedenken, die er dort wieder neu erlebte. Er hatte die große Chance des Schweigens neu entdeckt.

Die Frucht des Schweigens ist das Gebet.
Die Frucht des Gebetes ist der Glaube.
Die Frucht des Glaubens ist die Liebe.
Die Frucht der Liebe ist das Dienen.
Die Frucht des Dienens ist der Frieden
Und die Frucht des Friedens ist die Gelassenheit.

Ich überdachte die Worte und meine Zeit der Krankheit und die folgenden Jahre und stellte fest, daß es mein Weg war – unser Weg war – in der gleichen Reihenfolge. ER ist diesen Weg mitgegangen, hat uns abgeholt, wo wir standen. Und jeder steht irgendwo anders und GOTT HOLT JEDEN DA AB WO ER STEHT.

Blockaden

So vielfältig unsere Standorte sind, so vielfältig sind auch die Hindernisse, die uns von Gott trennen. Ich hörte vor kurzem zwei Sätze, die ich sehr passend und zutreffend fand: „Das Böse, das an die Türe klopft und nur für eine Nacht bleiben will, ist wie Schimmelpilz, den du nicht mehr wegbekommst. Es ist herrschsüchtig!" Die Bestätigung hierfür finden wir überall, wenn wir uns umsehen oder in uns hineinschauen. Wenn wir nun in eine tiefere Beziehung zu Gott kommen wollen, wie machen wir das? WIR BITTEN IHN EINFACH DARUM!! In der Schrift lesen wir dazu: „Wenn du ihn suchst, läßt er sich von dir finden" (1. Chronik 28,9). Aus vielen Berichten, Zeugnissen und Büchern habe ich immer wieder erfahren, daß diese Bitte am Anfang stand, denn jetzt, wenn ich JA gesagt habe, KANN Gott wirken und er tut es!

Er tut es oft, indem er uns unsere eigenen Verletzungen, Sünden, Fehler und Unterlassungen und die Verletzungen, die wir anderen zugefügt haben, zeigt. Er will, daß wir sie IHM bringen, damit er sie heilen kann.

Er verweist uns auf seine Gebote, die Er uns als Hilfe gab, damit wir gesund und froh leben können und nicht, um uns unter Druck zu setzen. Vor kurzem fand ich auf einen Kalenderspruch, der voll ins Schwarze traf:

GEWISSENSBILDUNG IST WISSENSBILDUNG!

Es ist ein Zeichen unserer Zeit und ein Produkt unserer eigenen Nabelschau, daß wir unsere Fehler und Unterlassungen gar nicht wahrhaben wollen. Das ist verständlich, wenn wir uns überlegen, daß ja in unserer Gesellschaft nur der Tüchtige, der Schöne, der fehlerfrei Funktionierende gefragt ist. Wir schaffen uns wie die Schildkröte einen

Panzer an und verdrängen alles darunter. Nur taucht es auf andere Art und Weise wieder auf, als Krankheit, Depression oder auch ganz konkret als Blockade in der Beziehung zu Gott. Man trägt diesen selbstgewählten Panzer, leidet fürchterlich darunter, öffnet ihn vielleicht für den Psychiater und verfällt meistens in eine Resignation. Denn auch dieser Arzt kann nur das Belastende unter dem Panzer hervorholen, aber nicht wegnehmen. Selbst wenn es sich um kleine Fehler und Sünden handelt, sind sie wie Ziegelsteine, die zur Mauer wachsen, die uns einschließt und ausschließt von Gott und dem anderen Menschen.

Der Weg der Vergebung

Haben wir nun JA zu Gottes Eingreifen in unserem Leben gesagt, wird er uns neu den Weg der Vergebung zeigen. Wir dürfen IHM unsere ganze Schuld bringen. ER KANN SIE WEGNEHMEN UND – ER TUT ES! Jesus hat sich für unsere Sünden ans Kreuz schlagen lassen und er hat unsere Schuld gesühnt. Aber ER will, daß sie bereut, ausgesprochen und IHM gebracht wird. Wie viele Menschen haben schon die erlösende Wirkung des Bußsakramentes erfahren, das in der kath. Kirche als wunderbare Hilfe möglich ist. Hier spricht der Priester, als Stellvertreter Christi, dem Beichtenden im Namen Jesu Vergebung zu. Es handelt sich hier nicht um eine überflüssige, veraltete Methode, sondern um eine große Notwendigkeit, die von vielen aber nicht mehr so gesehen wird. Darum leiden sie lieber weiter, weil sie es sich nicht eingestehen wollen. Sie kennen die befreiende Wirkung nicht.
Man sollte, wenn möglich, einen Priester seines Vertrauens wählen, um ein gutes Beichtgespräch zu führen. Findet man ihn nicht auf Anhieb, so ist es gut, den Mut zu haben zu

gehen und einen anderen aufzusuchen, anstatt vielleicht wieder aufs Neue verletzt zu sein oder sogar zu resignieren. Auch das soll es schon gegeben haben.

Manchmal genügt aber auch schon das Gespräch mit einem erfahrenen Menschen, um Dinge wieder geradezurücken, zum Beispiel, wenn ich mir die Schuld, die ich Gott bereits in der Buße gebracht habe, selbst nicht vergeben kann. Hier habe ich die Gnade, die mir geschenkt wurde, nicht angenommen. Wer bin ich denn, daß ich mir nicht vergebe, wo doch der große Gott vergeben hat. Dies ist ein negativer Stolz!!

Auch anderen zu vergeben ist Gnade. Es ist nichts, was wir aus eigener Kraft vermögen. Wie notwendig diese Vergebung und auch die Aussprache ist, um an Leib und Seele heilzuwerden, ist an meiner Heilung und durch Erfahrung vieler anderer deutlich geworden. Meistens ist es ein Prozess, der dauert, manchmal Tage, Monate, sogar Jahre und oft sogar fast ein ganzes Leben. DIE VERGEBUNG IST ENTWEDER ABSOLUT ODER ES IST KEINE VERGEBUNG !! Sie ist nicht abhängig, vom Tun der anderen Person. VERGEBUNG IST EINE GANZ EIGENE FORM DER LIEBE Wie oft blockiert doch Unversöhnlichkeit die Beziehungen in der Ehe, der Familie, in Gemeinschaften oder im Arbeitsverhältnis. Wir müssen uns fragen, ob wir es uns überhaupt leisten können, unversöhnlich zu sein. Die klare Antwort, auch im Bezug auf unser Wohlbefinden und Wohlergehen heißt: NEIN!!

Gott hat die Schuld, die wir ihm gebracht haben, weggenommem und er gedenkt ihrer nicht mehr. Nachzulesen in folgenden Bibelstellen: Hebr 8,12; 10,17; Ez 18,22; 33,16; Jes 43,25 Jer 31,34. Aber in uns sind oft noch die Wunden, die wir uns als Folge unserer Schuld selbst zugefügt haben. Auch spielen die Verletzungen, die uns, von der Empfängnis an, zugefügt wurden, eine große Rolle. Ich fand in dem Buch „Heilendes Gebet" von Barbara L. Shlemon und Francis Mac Nutt eine sehr hilf- und aufschlußreiche Erklärung. Barbara L. Shlemon teilt das Buch in die Phasen des Menschenlebens ein: Empfängnis, Schwangerschaft, Geburt, Kindheit, Jugend, Ehe oder Ordensleben usw. Sie geht auf jede Phase ein und auf die Verletzungen, die jeweils entstanden sein können; zum Beispiel durch Vergewaltigung, Eindrücke und Empfindungen der Mutter während der Schwangerschaft, Lieblosigkeit der Mutter – des Vaters; eine schwere Geburt (kann zu großen Ängsten führen!); das Leiden an den Eltern, Geschwistern, Klassenkameraden; die Phase der Entwicklung, der Geschlechtlichkeit außerhalb und innerhalb der Ehe; die Verletzungen durch Ehepartner, im Ordensleben durch Mitbrüder oder Mitschwestern. Barbara L. Shlemon holt unendlich vieles hoch und fügt nach jeder Phase (jedem Kapitel) ein sehr schönes Gebet an, in dem sie Gott die Wunden zur Heilung hinhält. Ein weiteres Buch, das zu großen und guten Erkenntnissen verhilft, haben die Gebrüder Linn geschrieben: „Beschädigtes Leben heilen". Sie erläutern die meist fünf Schritte, die sich im Tun des Menschen vollziehen, wenn es um das Vergeben zugefügter Verletzungen geht.

1. Schritt: Die erste Reaktion ist, daß wir diese Verletzung gar nicht wahrhaben wollen und sie verdrängen. (oft viele Jahre)

2. Schritt: Wir merken, daß da etwas ist, was uns beschäftigt und getroffen hat. Wir sind wütend , wenn jemand etwas sagt. Ärger ist oft das erste Zeichen dafür, daß wir verletzt worden sind. Wir müssen das herausfinden.

3. Schritt: Bei dem dritten Schritt beginnen wir zu verhandeln und zu fordern. (evt. Geld, das jemand schuldet oder eine Entschuldigung)

4. Schritt: Eine Depression über uns selbst, daß uns so etwas passieren konnte! Niemals wollen wir uns einem anderen mehr öffnen. Es entsteht ein Rückzug wie bei einer Schnecke ins Schneckenhaus. Wir bleiben oft Jahre darin und sehen nur noch uns selbst. So kann auch keine Liebe mehr hinein. (Auch Gott kann nicht herein). Wir wollen zwar Liebe spüren, (auch Gottesliebe) aber wir spüren gar nichts.

5. Schritt: Der fünfte Schritt ist eine Annahme der Verletzung und ein Sterben in uns selbst. Er öffnet uns die Türe zur Heilung, nach der wir uns ausgestreckt haben.

Das alles sind keine Modellfälle, sondern Erfahrungen, durch die viele Menschen heil wurden.

Klima für Heilung

Nun ist mir immer ein Gedanke nachgegangen: Ich wurde heil, in einer wirklich heilenden Atmosphäre. Was ist mit den Menschen, die diese Möglichkeit nicht haben? Ich war umgeben von Liebe, Ausgeglichenheit und Frieden. Es fiel wirklich kein böses Wort. Ich sah in den mir begegnenden Menschen auf das Gute (das auf irgendeine Art in jedem ist) und erfuhr es. Denn jedes böse Wort ist eine Wunde und fördert die Krankheit. In jedem und allem spürte ich die Besorgnis und das Bemühen meines Mannes und meiner Eltern, das ich jedoch in keiner Weise ausnutzte. Denn hier liegt auch oft der Grund des Nicht-Heil-Werdens. Krankheit wird bewußt oder auch unbewußt „gezüchtet" als Druckmittel auf die Umgebung. (ich bin ja krank, darum mußt du ...!!)
Automatisch stellt man damit die Krankheit in den Mittel-

punkt, konzentriert sich auf sie, und wie alles, was man „verhätschelt", ist sie letztlich sehr anhänglich. Man wird so zu Tyrannen seiner unter Druck gesetzten Umgebung und fordert damit oft etwas zuviel Geduld. Also kommt es zu Agressionen, Ärger und entsprechenden Ausbrüchen. Dadurch schließt sich der negative Kreis des „Nicht-Heilwerden-Könnens" oder der Wiederholungsgefahr einer Krankheit.

Eine andere Situation wäre folgende: Man trägt Groll gegen jemand im Herzen und spricht mit keinem darüber, verschließt ihn gut und fest. Aber Ärger, Groll und Anklage sind gute Gärmittel. Irgendwo und -wann kommt es zum Ausbruch, oft als Krankheit. Diese wird behandelt oder operiert und ausgeräumt. Nicht so aber das Grundübel. Das beginnt, neu zu gären und sucht für seinen Ausbruch eine neue Möglichkeit und findet sie bestimmt. Und dann muß auch noch Gott herhalten für die Anklage: „Ja, lieber Gott, warum schickst du mir das?" oder noch schlimmer: „Ein Gott, der mir das schickt und zuläßt, kann nicht mein Gott sein," und es kommt zu einer Verbitterung und totalen Abwendung von Gott. Viele Ärzte und Krankenschwestern erleben das täglich.

Was aber geschieht mit denen, die von Herzen guten Willens sind und zur Versöhnung und Vergebung bereit, die aber an ihrer Umgebung scheitern? Die es immer wieder versuchen und doch wie ein Gummiball immer wieder an einer Wand abprallen? Ich spreche hier nicht von jenen, die grundsätzlich anderen die Schuld geben, sondern die wirklich in sich gegangen sind und überlegt haben, welche Schritte sie zur Veränderung ihrer Situation und Umgebung tun könnten. Sie können ihr Leid Gott aufopfern!
Nach meiner Krankheit war es für mich oft unverständlich, wenn ich jemand zu einem Kranken sagen hörte: „Du mußt dein Kreuz auf dich nehmen." Ich hörte es oft und in

gewisser Weise als Trost. Es ist eine verbreitete Redensart unter Christen. Ich spürte dann jedesmal, wie mein Herz schneller schlug und meine Erregung wuchs. In der ganzen Bibel ist nicht einmal vom Kreuz der Krankheit die Rede. Jesus hat unsere Leiden auf sich genommen und unsere Krankheiten getragen. (Mat. 8,17) So wurde auch durch Jesaja (53,4) schon auf Jesus hingewiesen. Überall wo er hinkam, heilte er die Kranken. Gott will den Menschen gesund und zwar ganzheitlich, d.h. an Geist, Seele und Leib. Wäre das anders, hätte Jesus konträr zum Willen des Vaters gehandelt, indem er heilte. Das aber wäre unmöglich. Wenn Jesus im Bezug auf uns vom Kreuz sprach, so war es immer das Kreuz, das durch die NACHFOLGE an ihn entstehen kann.

Oft ist die Situation des Kranken so, daß er z.B. an seiner schweren Krankheit behandelt, aus dem Krankenhaus, aus der Therapie oder aus der Kur kommt oder einfach mit vielen „Wehwehchen" im Alltag lebt und immer wieder neu in der Familie oder am Arbeitsplatz an dieser Umgebung leidet. Beispiele gibt es da genug: Der Partner hat sich abgewandt; der andere wird immer wieder gedemütigt; die Kinder sind ganz anders geraten, als erhofft; es kommt zu ständigen Auseinandersetzungen mit bösen Worten; die älteren Menschen werden lieblos alleine gelassen und abgeschoben; die Tochter sieht sich ständig den Querelen der Mutter ausgesetzt und kann oder darf nie erwachsen werden; über den Sohn wurde bzw. wird eifersüchtig gewacht, so daß er sich nie abnabeln konnte, den Typ der Mutter auch als Frau suchte und – fand und unter beider Fuchtel steht; der Arbeitskollege (Kollegin), der (die) immer geduckt wird, wird gehänselt und kann nie hochkommen, ein junges Mädchen sieht sich immer zurückgesetzt weil es nicht so schön, – so intelligent ist; usw ... Als ich an Menschen dachte, die auf's schlimmste ausgenutzt und bloßgestellt werden,

der Lieblosigkeit und Gleichgültigkeit der Mitmenschen preisgegeben und entehrt, mißbraucht, gequält, erniedrigt, beleidigt und zerschlagen werden, als ich darüber nachdachte, da konnte ich auf einmal den Satz sehr gut nachempfinden: „Ja, nimm dein Kreuz auf dich," auch im Bezug auf die Krankheit, die Gott nicht auferlegt hat, sondern die sich aus menschlichen Unzulänglichkeiten entwickelt hat. Sie erweist sich dann als Teufelskreis, weil der Mensch sich aus dieser Umgebung sehr oft nicht zu lösen vermag.
So geht der Kreuzweg weiter. Er kann aber die Situation annehmen und sie ertragen, indem er sie aufopfert zur Sühne für die unendlich vielen Schmähungen, die Gott widerfahren. Und Gott nimmt diese Sühne an und gibt dem Leiden dadurch einen Sinn, wie auch der Kreuzweg Jesu einen Sinn hatte.

ER war gekommen, damit wir das Leben haben – und wurde zum Tode verurteilt. All die eben aufgezählten Schmähungen waren IHM widerfahren und, und nichts von dem, was wir erleben, ist IHM fremd geblieben, weil ER den Weg vor uns ging. So habe ich auch erfahren können, daß Menschen, die Gott ihr Leid zur Sühne anboten, mit IHM in einer großen Verbundenheit leben konnten.
Ich möchte auch noch kurz eingehen auf die Menschen, die BEWUßT Sühneleiden auf sich genommen haben. Das hat es zu allen Zeiten gegeben. Sie wußten bzw. wissen darum und lebten bzw. leben ein heiligmäßiges Leben in einer großen Gottesnähe.

Bücher und Schriften, die auf „mich zukamen", habe ich nicht nur im Eilverfahren überschlagen oder „quergelesen", wie es vielfach gemacht wird, immer im Bewußtsein, viel konsumieren zu müssen, sondern ich habe mich von dem Wort ansprechen lassen. So habe ich es in meine Situation geholt und erforscht, was es mir zu sagen hätte. Anstatt

zwanzig Bücher zu lesen, ist es oft wesentlich besser, zwanzigmal ein Buch zu lesen. So kann es passieren, daß mir beim zwanzigsten Male ein Satz aufgeht, über den ich neunzehnmal hinweggelesen habe.
Ich wünsche Ihnen und mir, daß es Sätze in diesem Bericht gibt, in denen Sie sich wiederfinden und die Ihnen Wort und Wegweiser sein können.
Gott segne Sie.

„WENN SIE JESUS zunächst so nehmen, wie er Ihnen Eindruck macht, wenn Sie ihn also ganz ‚menschlich' verstehen und in ihm einen Menschenbruder sehen, der uneigennützig liebt, der ganz aus Liebe besteht und der seinen Auftrag, Menschen mit einem neuen Sinn ihres Lebens zu beschenken, so ernst nimmt, daß er dafür stirbt – wenn Sie ihn so verstehen, haben Sie ihn zwar noch nicht von Angesicht zu Angesicht gesehen, aber Sie haben wenigstens den *Zipfel seines Gewandes* in die Hand genommen. Und wer ihn so festhält am äußersten Ende, wer ihn so an der Peripherie erfaßt hat, zu dem wendet er sich um und sagt zu ihm, ‚Du gehörst zu mir, und nun begleite mich! Und wenn du mit mir gehst, wirst du von Tag und Tag mehr merken, wer ich bin'"! (Helmut Thielicke).

Weitere Bücher zur Kath. Charismatischen Erneuerung:

Autor	Titel	Umfang / Preis
Baumert, N.	**Jesus ist der Herr** Kirchl. Texte zur Kath. Charismatischen Erneuerung	192 S., DM 14,80
Baumert, N.	**Dem Geist Jesu folgen** Anruf und Unterscheidung	116 S., DM 12,80
Br. Ephraim	**Der Weg der Wolken** Von der Angst zur Heiligkeit	206 S., DM 22,80
Br. Ephraim	**Nachsommerregen**	126 S., DM 9,80
Br. Ephraim	**Weiß ist das Korn zur Ernte**	204 S., DM 19,80
Br. Ephraim	**Martha** Für Martha Robin zu ihrem neunten Geburtstag zum Himmel	168 S., DM 18,80
Br. Ephraim	**Der Kreuzweg**	96 S., DM 19,80
Br. Ephraim	**Gott paradox**	80 S., DM 9,80
Busowietz, B.	**ICH BIN** –Erfahrungen mit Gott	272 S., DM 27,80
Faricy, R.	**Auf der Suche nach Jesus**	86 S., DM 12,80
Gallagher-M.	**...wie ein neues Pfingsten** Der aufsehenerregende Anfang der Charismatischen Erneuerung in der Katholischen Kirche	258 S., DM 27,80
Gyr / Stengele	**Gebrochenes Brot für eine neue Welt**	188 S., DM 20,80
Hocken, P. D.	**Ein Herr, ein Geist, ein Leib**	156 S., DM 18,80
Kollins, K.	**Es ist nur der Anfang**	240 S., DM 19,80
Madré, Ph.	**Wort der Erkenntnis – warum und wie**	80 S., DM 7,80
Martin Fr.	**Der unser Leben verändert** Der Heilige Geist kann tun, was dem Menschen unmöglich ist! Wie Sie Freiheit, Kraft und Erneuerung im Heiligen Geist erfahren können.	ca. 188 S.,
McKenna, Br.	**Wunder geschehen wirklich**	152 S., DM 16,80
Pingault, P.	**Brot des Lebens/Brot der Armen** erscheint ca. Dez. 94	ca. 230 S., DM 16,80
Rességuier, G.	**Die erste Liebe** Vom Glück, ein Priester zu sein	124 S., DM 13,80
Schreck, A.	**Christ und Katholik**	224 S., DM 24,80
Schreck, A.	**Christ und Katholik** – Arbeitsbuch–	64 S., DM 7,80
Spohn, A.	**Ich konnte weiterleben**	70 S., DM 8,80
Tardif / Flores	**Jesus lebt**	144 S., DM 9,80
Tardif / Flores	**Jesus ist der Messias**	160 S., DM 12,80
Tardif / Madre	**Charisma der Heilung u. Gebete um Heilung**	ca. 68 S., DM 10,80

Weitere Veröffentlichungen in dieser Reihe folgen.

VIER-TÜRME-VERLAG
D-97359 Münsterschwarzach Abtei · Tel. 09324/20-292 · Fax 09324/20-452